Ueber asiatische Wechselkurse

von

WALTER MAHLBERG
Privatdozent der Privatwirtschaftslehre an der Handels-Hochschule Cöln

Mit 28 Diagrammen

Bonn 1914
A. MARCUS UND E. WEBERS VERLAG
Dr. jur. ALBERT AHN

A. Inhaltsübersicht.

B. Verzeichnis der Diagramme.

Vorwort.

Die Anregung zu der Arbeit, die als Habilitationsschrift für das Fach der Privatwirtschaftslehre an der Handels-Hochschule Cöln verfaßt ist, verdanke ich dem liebenswürdigen Rate meines verehrten Lehrers, Herrn Professor Schmalenbach von der Handels-Hochschule Cöln, dessen Untersuchungsreihe ausländischer Wechselkurse damit fortgesetzt wird. Ihm und Herrn Professor Dr. Wiedenfeld von der gleichen Hochschule bin ich auch für manchen sachlichen Ratschlag zu Dank verpflichtet.

Durch die sehr freundliche Vermittlung der Herren Professor Dr. Wiedenfeld und Freiherr S. Alfred v. Oppenheim, in Firma Sal. Oppenheim jr. & Co., Cöln, und durch das überaus bereitwillige Entgegenkommen der Niederlassungen der Deutsch-Asiatischen Bank in Berlin, Kalkutta, Singapur, Schanghai, Hongkong und Yokohama war es dann möglich, einen großen Teil des Tatsachenmaterials zu beschaffen. Für ihre tatkräftige Hülfe sage ich verbindlichen Dank.

Dank schulde ich auch sonst manchem treuen Helfer hier, in Amsterdam, in London und an asiatischen Plätzen, ganz besonders aber Herrn Bankdirektor M. Gutschke, Kalkutta, dessen sachkundige Darlegungen die Untersuchung wesentlich gefördert haben. Endlich darf ich meines Freundes, des Herrn Abteilungschefs Adalbert E. Myrrhé, Cöln, gedenken, dessen dankenswerte Unterstützung mir schwer zu erlangendes Zahlenmaterial zugänglich gemacht hat.

Bei der Drucklegung der Arbeit waren mir die von den Herren Rezensenten Dozent Harzmann, Professor Schmalenbach und Professor Walb vorgebrachten wertvollen Erweiterungs- und Änderungsvorschläge außerordentlich nützlich; ich darf deshalb den Herren auch an dieser Stelle ganz besonderen Dank aussprechen.

Die Untersuchung beruht neben Literaturbenutzung auf den Ergebnissen ausführlicher Rundfragen und der Verarbeitung von etwa 47 000 Originalkursen oder Umrechnungen.

Walter Mahlberg.

I. Allgemeiner Teil.

1. Einleitung.

Die Wechselkurse einer Reihe asiatischer Plätze — Hongkong, Schanghai, Singapur, Yokohama, Kalkutta und andere mehr — auf London bezeichnet man als asiatische oder ostasiatische Wechselkurse. Diese Benennung ist nicht ganz richtig, da unter dem Namen asiatische Wechselkurse nicht nur die London-Kurse, sondern sämtliche Kurse der genannten Plätze auf alle Länder bezw. Plätze der ganzen Welt, vor allem auch die sehr wichtigen Wechselkurse der asiatischen Plätze untereinander zu begreifen sind. In Wirklichkeit liegen die Verhältnisse aber so, daß im Verkehr mit Europa nur den asiatischen Wechselkursen auf London eine größere Bedeutung zukommt; die ungenaue, historisch leicht zu erklärende Namengebung entspricht also noch immer der Lage der Dinge. Dementsprechend wird in der vorliegenden Arbeit hauptsächlich von den London-Kursen Asiens und im Zusammenhang damit von den asiatischen Kursen auf Deutschland die Rede sein.

Wie wenig genau man es mit dem Namen nimmt, geht auch daraus hervor, daß die Kurse vielfach als ostasiatische [1]) Kurse bezeichnet werden, trotzdem nur ein Teil der notierten Plätze im eigentlichen Ostasien liegt.

Die asiatischen Kurse weisen bereits äußerlich eine Reihe von Eigentümlichkeiten auf, die sie von anderen Wechselkursen unterscheiden. Da ist zunächst der Umstand, daß man nur selten den Kurs eines einzelnen Platzes

1) So u. a. Hamburger Neueste Nachrichten, Hamburgischer Correspondent, Sonndorfer, Die Währungsreformen in Ostasien und Ostafrika, Zeitschrift f. Handelswissenschaft und Handelspraxis, II. Jahrgang, Heft 10, Hanisch, Rothschilds Taschenbuch, 1910, Seite 796.

antrifft, etwa in der Presse oder in der Literatur, sondern daß die Kurse aller in Frage kommenden Plätze stets in ihrer Zusammenfassung als asiatische Wechselkurse auftreten. Ein Grund, die asiatischen Notierungen zu einer einheitlichen Gruppe zusammenzufassen, liegt darin, daß die Kurse bis vor wenigen Jahren sämtlich auf Silber basiert waren und als Silberkurse den Goldvaluten der übrigen Welt gegenüberstanden. Begünstigt wurde die Gruppenbildung weiter durch den Umstand, daß die asiatischen Wechselkurse nicht wie andere Wechselkurse unmittelbar zu uns gelangen, sondern den Umweg über London machen und von dort als geschlossene Gruppe der „rates on the far East" nach Deutschland kommen.

Für Deutschland sind die Kurse deshalb merkwürdig, weil an keinem der asiatischen Plätze Originalkurse auf Deutschland notiert werden, sondern die drüben in Geltung befindlichen Sätze durch Verrechnung der asiatischen Notizen auf London mit dem deutsch-englischen Wechselkurs zustande kommen. Und selbst diese Sätze gelangen nicht nach Deutschland, vielmehr verstehen sich sämtliche in deutschen Zeitungen veröffentlichten Wechselkurse in englischer Währung, also in pence für die asiatische Einheit, oder es sind in Deutschland vorgenommene Markumrechnungen der nach London gekabelten pence-Notizen, sodaß wir im Zahlungsverkehr mit Asien völlig auf Notierungen des Auslands auf das Ausland angewiesen sind.

Ein gemeinsames Merkmal der asiatischen Wechselkurse gegenüber den uns geläufigeren europäischen Kursen ist auch in dem Fehlen von Gegenkursen zu sehen. Während sich sonst der Wechselkurs an den Devisenmärkten beider beteiligter Länder zu bilden pflegt, kommen die asiatischen Wechselkurse lediglich drüben zustande, sodaß stets eins der jedesmal beteiligten Länder, und zwar praktisch England, als unmittelbarer Faktor ausscheidet und die Wechselkurse in gewissem Sinne einseitig festgesetzt werden. Bei der Eigenart der Wechselpreisbildung, die in der Weise sich vollzieht, daß Angebot und Nachfrage desselben Objekts im Inland, im Ausland und noch einmal zwischen Inland und Ausland gemessen werden, würde — zumal bei der besonderen Art des europäisch-asiatischen Wechselverkehrs — in der einseitigen Preisbildung theoretisch alles andere als ein Mangel liegen, praktisch zeitigt diese nach unseren Maßstäben unvollkommene Organisation der Preisbildung jedoch Unzuträglichkeiten. Nach Swoboda[1]) werden in der Royal Exchange in London außerhalb des offiziellen Börsenkurszettels von anderen Plätzen häufig notiert:

Bombay, Madras und Kalkutta	in	Pence	für	1	Rupie,
Singapur	„	„	„	1	Dollar,
Hongkong	„	„	„	1	Dollar,
Schanghai	„	„	„	1	Tael.

Abgesehen von der geringen Bedeutung der Royal Exchange und davon, daß die gewöhnlich bei englischen Wechselkursen nicht übliche „direkte" Notierung bereits gegen allzu große Selbständigkeit der Notiz spricht, weiß man an den meisten Plätzen des Ostens von den Notierungen der Royal Exchange nichts und streitet ihr außerdem übereinstimmend jede Bedeutung oder Selbständigkeit für die Preisbildung ab. Das gilt auch für die von Sonndorfer[2]) erwähnte Londoner Notierung britisch-ostindischer Plätze.

Die Wechselkurse werden in Asien nicht offiziell notiert, ein börsenmäßiger Verkehr findet nirgends statt. Sämtliche veröffentlichten Notizen sind private Preisangaben von Banken oder Maklern. Der Umsatz vollzieht sich überall nur von Bank zu Bank durch Vermittlung von Maklern.

Faßt man den Werdegang des asiatischen, insbesondere des ostasiatischen Geschäfts ins Auge, so ergibt sich daraus der Ursprung der Unterschiede zwischen asiatischen und europäischen Wechselkursverhältnissen. Während die Handelsbeziehungen etwa zwischen Frankreich und Deutschland sich von jeher beiderseits auf eine breite Grundlage stützten, ist der Handelsverkehr mit dem Osten aus dem Filialbetrieb an den wenigen, den Fremden geöffneten Hafenplätzen entstanden. Ein direkter Verkehr zwischen nur in Europa ansässigen Firmen und eingeborenen Händ-

1) Swoboda, Arbitrage, 13. Aufl.

2) Sonndorfer-Ottel, Lehrbuch der internationalen Handelskunde. Wien und Leipzig (Alfred Hölder) 1912. S. 56.

lern in Asien war nicht vorhanden, vielmehr handelte es sich zwischen Europa und Asien zunächst immer nur um den Verkehr zwischen europäischem Stammhaus und Auslandsniederlassung. Für diese Beziehungen war aber kein Bedürfnis nach Wechselkursen gegeben, letzteres äußerte sich vielmehr nur im Verkehr der Niederlassungen mit ihren dortigen asiatischen Geschäftsfreunden, und die dabei sich ergebenden Wechselkurse waren anfangs lediglich Münzumwechslungskurse. Wenn auch heute noch die asiatischen Wechselkurse bei vielen unbewußt die Vorstellung von Sortenkursen erwecken, so liegt das wohl an geringem Vertrautsein mit den asiatischen Geschäftsbeziehungen; tatsächlich sind es heute Wechselkurse wie alle anderen, also Preise für Auslandsguthaben, und daneben steht das für Europa nicht in Frage kommende Sortengeschäft. Je mehr nämlich das Filialsystem nachließ und die Fremdenfirmen im Osten von Europa unabhängig wurden, und je mehr, als neueste Entwicklung, der direkte Verkehr zwischen asiatischen Importeuren und europäischen Exporteuren an Bedeutung gewann, um so mehr ließ der Sortencharakter der in Frage stehenden Kurse nach, sodaß es sich heute durch das gleichzeitige Dazwischentreten der Überseebanken bei den asiatischen Notizen auf Europa nur noch um Bewertungen von Forderungen zwischen Asien und Europa handelt. Eine Sonderstellung nehmen in diesem Zusammenhang die chinesischen Kurse ein, da deren Gestaltung noch durch eine Art Sortenspekulation beeinflußt wird, ohne jedoch im Grundsatz ihren Charakter zu ändern.

In einem Punkte dagegen hat sich eigentlich nichts gegen die früheren Verhältnisse geändert. Das ist der Umstand, daß auch heute noch regelmäßig nur der asiatische Kontrahent ein Interesse an der Gestaltung der Wechselkurse hat. Der europäische Asien-Exporteur pflegt nämlich den Gegenwert seiner Verschiffungen nicht in ausländischer, also asiatischer, sondern in einer europäischen Währung zu entnehmen [1]). Meistens ist das einstweilen noch die eng-

1) Siehe u. a. Wilh. Friedrich. Die Technik des Zahlungsverkehrs im Export mit China, Zeitschrift für handelswissensch. Forschung IV, 340.

lische Pfund-Währung. Dabei wird der Kurs, zu dem der Bezogene die Abgabe einzulösen hat, durch Zusätze in der Tratte festgelegt, die etwa so lauten: „. . . ℳ 1410 zahlbar zum Ziehungskurse der Deutsch-Asiatischen Bank, Schanghai, für deren Sichtwechsel auf Hamburg, zuzüglich Zinsen zum Satze von 7% für das Jahr von heute bis zum wahrscheinlichen Ankunftstage des Gegenwerts in Hamburg." Damit wird das Wechselkurs-Risiko auf den asiatischen Kontrahenten abgewälzt. Auch in der entgegengesetzten Verkehrsrichtung läßt der hiesige Importeur asiatischer Waren ganz selbstverständlich nur in europäischer Währung auf sich ziehen und wird dadurch den Kursschwankungen gleichfalls entrückt. Diese eigenartigen Verhältnisse, die in der historischen Entwicklung, verbunden mit der Vormachtstellung des Europäers und in den ungeheuerlichen, dem europäischen Geschäft nicht geläufigen Schwankungen der Silber-Wechselkurse begründet sind bezw. waren, erklären das gänzliche Fehlen eines Gegenmarktes und die vollständig private Organisation der Wechselpreisbildung in Übersee.

Hinsichtlich der Wirtschaftsverfassung beziehen sich die asiatischen Wechselkurse auf außerordentlich verschiedenartige Verhältnisse, sodaß der Zustand der wirtschaftlichen Entwicklung bei der Beurteilung der Wechselkurse besonders berücksichtigt werden muß. Das bezieht sich namentlich auf die Bedeutung, die die Wechselkurse für das Wirtschaftsganze aufweisen. Da die Grundlage der Wechselkurse die internationalen Schuldverhältnisse sind und diese zum wesentlichsten Teil durch den effektiven Außenhandel entstehen, so vermag die Höhe der auf den Kopf der Bevölkerung reduzierten Ein- und Ausfuhr die Bedeutung darzutun, die ein Land an der Gestaltung der Wechselkurse hat.

Die nachfolgende Tabelle [1]) gibt hierüber Aufschluß:

---

1) Die Angaben der Tabelle sind entnommen aus Statistical Abstract of the United Kingdom, Stat. Abstract for the foreign countries und Stat. Abstract for the colonies.

Durchschnitt der Jahre 1905—09	Bevölkerung in Millionen	Ein- und Ausf. in Millionen £	Ein- und Ausf. auf je 1000 Einwohner in £
Deutschland . .	62,2	708,1	11384
England	44,1	984,6	22327
Frankreich . . .	39,2	440,1	11228
Ver. Staaten von Nord-Amerika .	85,8	611,2	7123
Indien	306,7	235,0	766
Japan	48,7	87,7	1801
Straits Settlements	0,7	70,6	10085
China	300 [1])	101,3	337

Die Ziffern für die Straits Settlements treten aus dem hier gezogenen Rahmen heraus, da der — hauptsächlich auf den Hafen Singapur entfallende — Außenhandel in diesem Zusammenhang größtenteils als Umschlagsverkehr anzusehen ist [2]).

Endlich ist an dieser Stelle noch auf einen Punkt kurz einzugehen, dem bei einer Betrachtung der asiatischen Wechselkurse besondere Bedeutung beigelegt werden muß. Das ist die Frage der Edelmetallbewegung. Die Meinung über den Zahlungsverkehr Asiens lautet vielfach dahin, daß dort die Versendung von Bargeld größeren Umfang habe als in den in dieser Beziehung wirtschaftlicher organisierten Staaten Europas. Die nachstehenden Zahlen gehen hierauf näher ein. Die Edelmetallbewegung (Einfuhr und Ausfuhr)

---

1) Nach Professor Rathgen, Hamburg.

2) Deutsches Handelsarchiv 1910, II, Bericht des Generalkonsulats Singapur für 1908: „Die Straits Settlements sind weder ein Gebiet mit einem großen Eigenverbrauch von europäischen Waren, noch ein Produktionsgebiet, sondern in der Hauptsache Verteilungsplatz für die Waren europäischer Herkunft für die malaiische Halbinsel, den malaiischen Archipel und einige andere Nachbarländer, sowie Stapelplatz für die Produkte der genannten Gebiete; jeder hier gehandelte Artikel ist daher Ein- und Ausfuhrartikel zugleich. Der Handel der Kolonie kann also überhaupt als Durchfuhrhandel angesprochen werden, bezüglich der europäischen Waren allerdings nur insoweit, als sie von hier aus wieder ausgeführt werden, bezüglich der aus den umliegenden Gebieten stammenden Produkte aber durchweg."

stellte sich in Prozenten vom Gesamtaußenhandel im Durchschnitt der Jahre 1905—1909 [1]) wie folgt:

	Gold	Silber
Deutschland	2.9 %	0.4 %
England	9.3 „	2.9 „
Frankreich	6.8 „	3.2 „
Ver. Staaten von Nordamerika [2]) . .	5.1 „	2.8 „
Indien	6.9 „	6.1 „
Straits Settlements .	2.3 „	3.8 „
	Gold und Silber	
China	10.1 %	
Japan [3])	6.2 „	

Bei einem Vergleich sind gegenüberzustellen die Goldziffern der 4 ersten Staaten und Gold und Silber für China und Japan, während für Indien und die Straits eine Zusammenfassung beider Metalle, wie später darzulegen ist, nur bedingt erfolgen kann. Die 4 ersten Silberziffern geben einen Maßstab für die Silberbewegung Indiens. Die Silberziffer der Straits ist durch die in dieser Zeit vor sich gehende Währungsreform so groß. Für China ist in diesem Zusammenhang kein Unterschied zwischen Gold und Silber zu machen.

Das Ergebnis der Berechnung stützt die erwähnte Meinung von den relativ starken Edelmetallbewegungen im asiatischen Verkehr nicht in dem Maße, wie man wohl erwartet hätte. Für China trifft die Meinung jedenfalls zu, auch von Indien kann man sagen, daß seine Goldzahl von nahezu 7 % des Außenhandels unter Berücksichtigung des außerdem noch vorhandenen Silberverkehrs von 6,1 % sehr hoch ist, während die Zahlen der Straits und Japans nicht sonderlich von europäischen Verhältnissen abweichen. Schwierigkeiten bei der Vergleichung macht übrigens die Frage, welche der vier nichtasiatischen Goldzahlen der Tabelle als Maßstab genommen werden soll. England scheidet

1) Dieselben Jahre wie in Tabelle Seite 8 und Berechnung nach den dort verzeichneten Quellen.

2) Einschließlich Erze.

3) Silber ohne Bedeutung.

hierbei wegen seiner besonderen Stellung von vorneherein aus. Zu beachten ist der geringe Goldverkehr Deutschlands.

Was die bisherige privatwirtschaftliche Behandlung [1]) der asiatischen Wechselkurse angeht, so ist die Zahl der erschienenen Arbeiten nur gering; sie beschränken sich auf die eigentlichen Währungsverhältnisse oder begnügen sich damit, Kurszettel wiederzugeben und zu erläutern, die nicht in allen Fällen asiatische Originale sind. Lediglich Schmalenbach [2]) geht auch auf die Wechselkurse als solche und auf ihre Grundlagen näher ein, ohne jedoch eine durchgreifende Untersuchung anzustellen, während Hanisch [3]) namentlich Paritätsberechnungen gibt.

2. Gemeinsame äußere Erscheinungen der asiatischen Kurse.

Die Formen, in denen die hiesigen Zeitungen die asiatischen Kurs-Notizen veröffentlichen, gehen aus der folgenden Zusammenstellung, die die wichtigsten deutschen und einige ausländische Blätter umfaßt, hervor [4]).

Kölnische Zeitung (1. Morgenausgabe; Notiz tägl.).

Hamburg. Asiatische Wechselkurse. Tel. Transfers: Bombay 1s 4d, Kalkutta 1s 4d. Hongkong 1s $9^7/_{16}$d. Schanghai 1s $4^5/_{16}$d. Jokohama 2s $^6/_{16}$d. Singapore 2s $4^3/_{32}$d. Manila 2s $^5/_{16}$d.

Außerdem bringt die Kölnische Zeitung seit Februar 1911 in ihrer Mittagsausgabe noch folgende Notiz, und zwar nur dann, wenn sich die Kurse ändern:

---

1) Siehe die in den Fußnoten angegebene Literatur.

2) Schmalenbach, Münzverhältnisse in Hinterindien und Ostasien, Deutsche Handelsschul-Lehrer-Zeitung 1904.

3) Hanisch, Die Technik des Handels in Rothschilds Taschenb.

4) Siehe auch Mahlberg, Die Nachrichtengrundlagen des Devisenmarkts. Zeitschrift f. handelswissenschaftliche Forschung, 7. Jahrg. S. 516 ff.

Hamburg, 23. Febr. **Asiat. Wechsel.** (90 Tage Sicht): Hongkong (1s $10^{13}/_{16}$d) $1{,}94^{1}/_{4}$ ℳ für 1 \$. Schanghai (2s $6^{15}/_{16}$d) $2{,}63^{1}/_{2}$ ℳ für 1 Tael. Tientsin (2s $8^{7}/_{16}$d) $2{,}76^{1}/_{4}$ ℳ für 1 Tael. Jokohama u. Kobe (1s $11^{15}/_{16}$d) $2{,}03^{3}/_{4}$ für 1 Yen. Singapore, Penang, Malacca. Ipoh, Kuala Lumpur und Johore (2s $3^{11}/_{16}$d) $2{,}35^{3}/_{4}$ ℳ für 1 \$. Bombay, Kalkutta, Madras, Colombo und Rangoon (1s $3^{3}/_{4}$d) $1{,}34^{1}/_{8}$ für 1 Rupie.

Kölnische Volkszeitung (Mittagsausgabe; Notiz täglich).

Ueberseeische Wechselpreise auf London.

Valparaiso, 16. Aug., 90 T. P. $10^{5}/_{8}$	Kalkutta, 16. Aug.*), Sh. $1.4^{1}/_{32}$
Rio de Janeiro, 16. Aug.. 90T.P. $16^{3}/_{16}$	Hongkong, 16. Aug,*), Sh. $1.9^{3}/_{8}$
Singapore, 16. Aug.*), Sh. $2.4^{3}/_{32}$	Schanghai, 16. Aug.*), Sh. $2.4^{5}/_{16}$
Penang, 16. Aug.*), Sh. $2.4^{3}/_{32}$	Jokohama 16. Aug.*), Sh. $2.0^{3}/_{8}$
Bombay, 16. Aug.*), Sh. 1.4	*) telegraphische Auszahlung.

Frankfurter Zeitung (1. Morgenblatt; Notiz tägl.).

m **London,** 5. März 4.02 N. Wechsel a. London (in sh u. d).

Bombay .	1 sh $4^{1}/_{32}$ d	Calcutta .	1 sh $4^{1}/_{32}$d	Honkong .	1 sh $11^{7}/_{8}$d
Shanghai .	2 sh $8^{3}/_{8}$ d	Singapore	2 sh $4^{1}/_{16}$ d	Yokohama	2 sh $^{7}/_{8}$d

Berliner Börsenzeitung (Morgenausgabe; Notiz täglich).

— **Kurse für telegraphische Auszahlungen.** Die Deutsch-Asiatische Bank, hier, empfing gestern Drahtmeldungen folgender Kurse für telegraphische Auszahlungen (telegraphic transfer) auf London bezw. Deutschland: Schanghai 2 sh. $4^{3}/_{8}$ d. = $2{,}42$ ℳ, Hongkong 1 sh. $9^{3}/_{8}$ d. = $1{,}82^{1}/_{2}$ ℳ, Singapore 2 sh. $4^{1}/_{16}$ d. = $2{,}39^{1}/_{2}$ ℳ, Kalkutta 1 sh. 4 d. = $1{,}36^{1}/_{2}$ ℳ, Yokohama 2 sh. $^{3}/_{8}$ d. = $2{,}08$ ℳ.

Gelegentlich findet sich seit einiger Zeit hierbei auch eine Notiz von Bangkok, so z. B. im März 1913 Auszahlung auf London 1 sh $6^{3}/_{8}$ d = $1.56^{1}/_{2}$ M.

Hamburgischer Correspondent (Morgenausgabe; Notiz täglich).

Ueberseeische Wechselkurse.

Ostasiatische Wechselkurse auf London.

(Telegramme der Hongkong & Shanghai Banking Corporation.)

	22.	21.		22.	21.
Tel. Transf.:	sh d	sh d	4 Mt. Sicht:	sh d	sh d
Bombay . . .	1 4	1 4	Hongkong . .	1 $9^{7}/_{8}$	1 $9^{13}/_{16}$
Calcutta . . .	1 $4^{1}/_{32}$	1 $4^{1}/_{32}$	Shanghai . . .	2 5	2 $4^{15}/_{16}$
Hongkong . .	1 $9^{7}/_{16}$	1 $9^{3}/_{8}$	Yokohama . .	2 $^{13}/_{16}$	2 $^{13}/_{16}$
Shanghai . . .	2 $4\frac{1}{2}$	2 $4^{7}/_{16}$	3 Mt. Sicht:		
Yokohama . .	2 $^{3}/_{8}$	2 $^{3}/_{8}$	Singapore . .	2 $4\frac{1}{2}$	2 $4\frac{1}{2}$
Singapore . . .	2 $4^{3}/_{32}$	2 $4^{3}/_{32}$	4 Mt. Sicht:		
Manila	2 $^{3}/_{8}$	2 $^{3}/_{8}$	Manila	2 $^{15}/_{16}$	2 $^{15}/_{16}$

Außerdem bringt der Hamburgische Correspondent als einzige deutsche Zeitung seit kurzer Zeit folgende Notizen:

Hongkong, 20. Februar. Wechselkurs auf London 4 Monat Sicht Bankwechsel $24^{5}/_{8}$ d.

Shanghai, 20. Februar. Wechselkurs auf London 4 Monat Sicht Bankwechsel $34^{3}/_{8}$ d.

Bombay, 21. Februar. Wechselkurs auf London 3 Monat Kreditbillets 1 sh. $4^{5}/_{16}$ d.

Calcutta, 21. Februar. Wechselkurs auf London 6 Monat Kreditbillets 1 sh. $4^{15}/_{32}$ d.

Die Hamburger Nachrichten bringen täglich dieselbe Notiz der Hongkong and Shanghai-Bank und außerdem in ihren Warenmarkt-Preisberichten aus dem Osten gelegentlich direkt übermittelte Kurse, z. B.:

Hongkong, 6. Januar.

Importen:

Manchesterwaren: Fest.
Shirtings $8^{1}/_{4}$ ℔ ....4.40 $
22/24 Water Twist ....1.60 „
28/32 Western Twist ......1.80 „

Exporten:

Tee. Total-Export bis dato — ℔
Wechselkurs auf London 4 Mt. Bankwechsel 21 $^{3}/_{4}$ d.

Shanghai, 6. Januar.

Importen:

Manchesterwaren: Ruhig.
Dewhursts Shirtings $8^{1}/_{4}$ ℔ 3.45 T
7 ℔ Mexican T.-Cloths..... 2.50 „

Exporten:

Seide: Fest.
Tsatless best chop Nr. 3 4.30 Taels
Vorrat unverkaufter 2000 Ballen
Wechselkurs auf London 4 Mt. Bankwechsel $28^{7}/_{8}$ d.

Bombay, 7. Januar. Baumwollmarkt: Ruhig aber stetig.
Verschiffungen der letzten Woche 16.000 Ballen.
Wechselkurs auf London 3 Mt. Kreditbillets 1 *s* $4^{5}/_{16}$ *d.*

Calcutta, 7. Januar.

Rup. pr. Ball.		Rup. pr. Maund	
Jute Cracks loko	$32^3/_4$ Ktr.	Leinsaat (kl. Saat)	$7^3/_8$
do. Janr.-Verschiff.	$33^1/_8$ bz.	Raps (braun. Patna)	—
Salpeter ....pr. Maund	$7\frac{1}{2}$	Reis (Ballam)	$4^1/_8$

Wechselkurs auf London 6 Mt. Kreditbillets 1 *s* $4^7/_{16}$ *d.*
Fracht fest.

Für Bremen bringt die Weser-Zeitung täglich die Notizen der Hongkong and Shanghai Banking Corporation in derselben Form wie der Hamburgische Correspondent.

The Times (Notiz täglich).

MONEY MARKET.

FOREIGN EXCHANGES.

—	August 18.	August 19.	August 21.
Paris, cheques	25f. $26^1/_4$-$7^1/_4$c.	25f. $26^1/_4$-$7^1/_4$c.	25f. $26^3/_4$-$7^3/_4$c.
Do., Bank Rate	3%	3%	3%
Do., Mkt. Discount	$2^1/_8$%	$2^1/_8$%	$2^1/_8$%
Bombay, T.T.	1s. 4d.	1s. $4^1/_{32}$d.	1s. 4d.
Calcutta, T.T.	1s. 4d.	1s. 4d.	1s. $4^1/_{32}$d.
Hong-kong, T.T.	1s. $9^3/_8$d.	1s. $9^3/_8$d.	1s. $9^3/_8$d.
Shanghai, T.T.	2s. $4^3/_8$d.	2s. $4^3/_8$d.	2s. $4^7/_{16}$d.
Singapore, T.T.	2s. $4^3/_{32}$d.	2s. $4^3/_{32}$d.	2s. $4^3/_{32}$d.
Yokohama, T.T.	2s. $0^3/_8$d.	2s. $0^3/_8$d.	2s. $0^3/_8$d.
Alexandria	Pi. $97^3/_8$	Pi. $97^3/_8$	Pi. $97^3/_8$
*Rio de Jan., 90 dys.	16 11-64d.	16 11-64d.	16 11-64d.
*Valparaiso, 90 days. Bank	$10^3/_4$d.	$10^{23}/_{32}$d.	$10^{11}/_{16}$d.
*B. Aires, 90 days	$48^1/_8$d.	$48^1/_8$d.	$48^1/_8$d.
*Montevideo 90 dys	$51^1/_2$d.	$51^1/_2$d.	$51^1/_2$d.

*These rates are telegraphed on the day preceding their receipt.

The following were the buying rates on the East yesterday:—

Drawn on		Demand.	30 days' sight.	60 days' sight.	90 days' sight.
Bombay Calcutta, Colombo, Madras Karachi, and Delhi Rangoon		s. d. 1 4	s. d. 1 $3^{15}/_{16}$	s. d. 1 $3^{27}/_{32}$	s. d. 1 $3^3/_4$
Yokohama and Kobe	$	2 $0^1/_4$	2 $0^1/_8$	2 0	1 $11^7/_8$
		fl. c.	fl. c.	fl. c.	fl. c.
Batavia and Surabaya	£	12 10	12 16	12 22	12 28
		s. d.	s. d.	s. d.	s. d.
Singapore and Penang	$	2 4	2 $3^{15}/_{16}$	2 $3^{15}/_{16}$	2 $3^{11}/_{16}$
Hong-kong		1 $9^1/_8$	1 9	1 $8^7/_8$	1 $8^3/_4$
Shanghai		2 $4^3/_{16}$	2 4	2 $3^{13}/_{16}$	2 $3^5/_8$
Tientsin		1 $5^{11}/_{16}$	2 $5^1/_2$	2 $5^5/_{16}$	2 $5^1/_8$

Le Temps (Notiz täglich).

Londres, 18 août.
Changes: Calcutta 1 sh. 4 den.; Bombay 1 sh. 4 den.; Hong-Kong 1 sh. 9 3/8 d.; Shanghai 2 sh. 4 3/8 d.; Yokohama 2 sh. 0 3/8 den.; Valparaiso 10 3/4 den.; Singapour et Penang 2 sh. 4 3/32 den.

Außerdem findet sich in der Spalte „Cours du Paris" dieser Zeitung noch folgende Notiz:

Saïgon: piastres com' 2 42./.

Nach der Herkunft lassen sich drei Arten von Notizen unterscheiden. Ein Teil der Zeitungen wird, wie ausdrücklich dabei erwähnt ist, von der Deutsch-Asiatischen Bank, Berlin, ein anderer Teil von der Hongkong & Shanghai Banking Corporation, Filiale Hamburg, regelmäßig mit den asiatischen Notizen bedient. Eine dritte Gruppe bezieht die Kurse direkt oder indirekt von Reuters Büro in London: Frankfurter Zeitung, Kölnische Volkszeitung, Le Temps. Die Notizen der Kölnischen Zeitung für Auszahlungen rühren anscheinend auch von der Hongkong & Shanghai Banking Corporation her, wenigstens deuten die Ortsangabe Hamburg und die Reihenfolge und Auswahl der notierten Plätze darauf hin. Die Deutsch-Asiatische Bank erhält ihrerseits die Kurse auch nur via London, und dasselbe dürfte bei der Hamburger Filiale der Hongkong & Shanghai Banking Corporation der Fall sein. (Eine Auskunft hierüber lehnte letztere Bank ab.) Sieht man von den erst seit kurzer Zeit veröffentlichten vier direkten Telegrammen des Hamburgischen Correspondenten und von der unbedeutenden Notiz in den Warenmarktberichten der Hamburger Nachrichten ab, so ergibt sich die bemerkenswerte Tatsache, daß von Asien kein Wechselkurs direkt, vielmehr nur auf dem Umwege über London nach Deutschland gelangt und daß vor allem die meisten hiesigen Kursveröffentlichungen insoweit bankabhängig sind, als den Zeitungen keine Kontrollmittel für die Richtigkeit der Kurse zu Gebote stehen. Für die Presse hat die Methode den Vorzug der Billigkeit, da kaum anzunehmen ist, daß die Kursmitteilungen der Banken honoriert werden. Angesichts des weiteren Umstandes, daß Mark-Notizen überhaupt nicht nach hier gelangen — die Notizen der Deutsch-Asiatischen Bank sind Umrechnungen der Notizen auf London mit der Croßrate Berlin-London —, kann man sagen, daß unsere Handelspresse hier nicht das leistet, was man im allgemeinen von einer Kursnotiz erwartet.

Es mag sein, daß der bisherige Zustand dem Maß von Interesse, das einstweilen die hiesige Handelswelt an den asiatischen Wechselkursen hat, entspricht, für die Zukunft dürfte sich aber das Verhältnis verschieben, wenn nicht dieser Fall bereits eingetreten ist. Zum mindesten müßten aber die bankabhängigen Kurse verschwinden und durch die Londoner Reuter-Kurse ersetzt werden. Da das Wolff-Büro im Nachrichtenaustausch mit Reuters Büro steht, so bedarf es dazu nur einer Anregung durch die Zeitungen. Auch eine direkte Nachrichtenvermittlung von Asien her ließe sich ohne große Unkosten einrichten, da durch die Anwendung von zu diesem Zwecke angefertigten Telegraphen-Codes und durch die Einführung einer Art von Sammeldepesche die relativ hohen Gebühren bedeutend herabgemindert werden könnten. Die Sammeldepesche ist so gedacht, daß die Kurse sämtlicher asiatischen Plätze zunächst nach einem asiatischen Platze, etwa Singapur, gekabelt werden, von dort als ein Telegramm nach Hamburg bezw. dem Kabelanlaufplatz gelangen und von da aus an eine Reihe von Zeitungen und Banken verteilt werden. Welcher asiatische Platz als Sammelstelle gewählt würde, müßte eine Gebühren-Arbitrage [1]) ergeben.

1) Die Telegrammgebühren in Frankenwährung betrugen 1912:

	Hongkong	Shanghai	Manila	Kalkutta	Singapur	Yokohama	Deutschland
Hongkong	—.—	—.80	1.05	3.—	2.45	2.35	5.50
Shanghai	—.80	—.—	1.85	3.—	3.—	1.20	5.50
Manila	1.05	1.85	—.—	4.05	3.50	3.90	5.50
Kalkutta	3.—	3.—	4.05	—.—	2.32^{5}	5.05	2.50
Singapur	2.45	3.—	3.50	2.32^{5}	—.—	5.05	4.37^{5}
Yokohama	2.35	1.20	3.90	5.05	5.05	—.—	6.05
Deutschland	5.50	5.50	5.50	2.50	4.37^{5}	6.05	—.—
	15.15	15.35	19.85	19.92^{5}	20.70	23.60	29.42^{5}

Danach käme Hongkong als Vermittlungsplatz in Frage.

Bei der vorliegenden Untersuchung, die sich auf die Jahre 1907—1910 erstreckt, standen Originalkurse aus Asien nicht zur Verfügung, es mußten deshalb die Notizen hiesiger Zeitungen herangezogen werden. Gewählt wurden die Veröffentlichungen der Berliner Börsenzeitung, da es sich dabei um die Notizen einer deutschen Bank handelte und da zunächst angenommen wurde, daß auch die Mark-Notizen Originale seien. Aus der Art der Veröffentlichung geht nicht hervor, daß es sich lediglich um Umrechnungen der pence-Notiz handelt, es sei denn, daß man dem Zeichen = diese Bedeutung beilegte. F st nachdem die Kurse der behandelten Plätze auf London und Deutschland für die Jahre 1907—1910 in Diagramme gebracht waren, ergab sich, daß die Differenz der telegraphic transfer Notiz auf London und der telegraphic transfer Notiz auf Deutschland jeweils an allen asiatischen Plätzen gleich war. Stand z. B. an irgend einem Tage der Kurs auf Deutschland in Singapur 1‰ vom Pariwert gerechnet über dem Kurs auf London, so stand der deutsche Kurs an diesem Tage auch in Kalkutta, Yokohama etc. 1‰ über dem englischen Kurs, ganz gleichgültig, ob nun die beiden Singapur-Kurse hoch und die beiden Yokohama-Kurse niedrig lauteten. Oder waren etwa in Singapur der deutsche sowohl wie der englische Kurs gleich weit von der Parität entfernt, dann war auch in Kalkutta, Yokohama etc. der deutsche Kurs soweit von der Parität entfernt wie der englische, gleichgültig ob nun über, unter oder auf Pari. Oder ein drittes Beispiel: stieg in Yokohama der englische Kurs über den deutschen, so stieg auch in Singapur, Hongkong, Kalkutta etc. der englische Kurs genau soviel über den deutschen.

Es war also hier eine für alle asiatischen Plätze gleichmäßige Bewegung vorhanden, die sich nach dem deutsch-englischen Wechselkurs zu richten schien.

Eine unter Hinweis auf diese Beobachtung an die Deutsch-Asiatische Bank gerichtete Frage ergab dann, daß es sich nur um eine Umrechnung handelte. Trotzdem ist auch die Mark-Notiz in den anliegenden Diagrammen beibehalten worden, da es sich um die an sich interessante

Darstellung eines Wechselkurs-Dreiecks handelt und da ferner die tatsächlich drüben in Geltung gewesenen Kurse kaum viel anders gelautet haben (siehe Teil II, 7).

Die für die Untersuchung in Frage kommenden Silbernotierungen sowie der Londoner Privatdiskont für die Jahre 1907—1910 wurden gleichfalls der Berliner Börsenzeitung entnommen. Außerdem wurden für das Jahr 1910 die Notizen der Hamburger Nachrichten, also die Kurse der Hongkong & Shanghai Banking Corporation, zur Kontrolle der Notierungen der Deutsch-Asiatischen Bank und zur Untersuchung der langen Sichten herangezogen.

Es wurden mithin untersucht die Kurse für telegraphische Auszahlungen (telegraphic transfer, abgekürzt t. t.) in London von Shanghai, Hongkong, Singapur, Kalkutta und Yokohama für die Jahre 1907—1910, ferner die langen Sichten dieser Plätze für das Jahr 1910, das Verhältnis der t. t. Notiz in Kalkutta zu derjenigen in Bombay, das Verhältnis der Kurse der Deutsch-Asiatischen Bank zu den Kursen der Hongkong & Shanghai Banking Corporation, gleichfalls im Jahre 1910, und die Mark-Notizen. Nicht untersucht wurde die nur von der Hongkong & Shanghai Banking Corporation veröffentlichte t. t. Notiz von Manila.

Bei den unter den langen Sichten der Kölnischen Zeitung seit kurzer Zeit aufgeführten weiteren asiatischen Plätzen handelt es sich nicht um besondere Notizen, vielmehr sind zu den eigentlichen Kursplätzen noch die Plätze hinzugefügt, für die die Kurse ebenfalls Geltung haben könnten, also zu Yokohama noch Kobe, zu Singapur noch Penang, Malacca, Ipoh, Kuala Lumpur und Johore, zu Kalkutta noch Bombay, Madras, Colombo und Rangoon. Hinsichtlich der zwar selbständigen, aber erst seit Februar 1911 erscheinenden langen Notiz von Tientsin dürfte es sich um ähnliche Verhältnisse wie zwischen Hongkong und Shanghai handeln, wovon noch die Rede sein wird. Im übrigen sind diese langen Sichten der Kölnischen Zeitung keinesfalls Originalkurse aus Asien, sondern, wie auch die langen Sichten der Times, offenbar Offerten einer Bank.

Die Zeitungsnotizen beschränken sich, mit Ausnahme der auch sonst ausführlicheren langen Sichten in der Kölnischen Zeitung, auf die Wiedergabe des pence- bezw. Mark-Betrages, ohne die asiatische Währungseinheit, die bei der hier vorliegenden indirekten Notierungsmethode streng genommen den Preis darstellt, zu nennen. Beim Lesen sind die Notizen wie folgt zu ergänzen:

T. T. Kurse vom 20. August 1911.

Schanghai	2 sh $4\frac{3}{8}$ d	= M. 2,42	= 1 Schanghai Tael,
Hongkong	1 sh $9\frac{3}{8}$ d	= M. $1{,}82\frac{1}{2}$	= 1 Hongkong Dollar,
Singapur	2 sh $4\frac{1}{16}$ d	= M. $2{,}39\frac{1}{2}$	= 1 Straits Dollar,
Kalkutta	1 sh 4 d	= M. $1{,}36\frac{1}{2}$	= 1 Rupie,
Yokohama	2 sh $\frac{3}{8}$ d	= M. 2,08	= 1 Yen.

Die Notizen bedeuten, daß für die bare Hingabe einer asiatischen Einheit an dem betreffenden asiatischen Platze die telegraphische Auszahlung eines entsprechenden Schilling-Betrages in London bezw. Mark-Betrages in Deutschland erkauft wird.

Da telegraphische Auszahlung in London und Barzahlung in Asien hinsichtlich der Fälligkeit als gleich zu bewerten sind, so läßt sich die indirekte Notiz ohne weiteres als direkte Notiz benutzen; man kann also sagen: 1 Hongkong $ notiert $1/9\frac{3}{8}$, sodaß keine Umdeutung erforderlich ist und man die in den hiesigen Zeitungen mitgeteilten Kurse so lesen kann, als ob es sich um in London oder Deutschland getätigte Notierungen auf die asiatischen Plätze handele. Trotzdem diese Form geläufiger und anschaulicher ist, wird es aber im folgenden daneben sehr oft notwendig sein, die t. t. Kurse indirekt und von Asien her als Ausgangspunkt zu betrachten.

Die indirekte Methode der Wechselkursnotierung, auch Warennotiz (da man für die inländische Einheit viel oder wenig ausländisches Geld erhält), oder Notiz mit der festen Valuta im Inland genannt [1]), hat das Besondere, daß ein Billigerwerden des Wechselkurses in einem Steigen der Kurszahl und eine Verteuerung in einem Sinken der Notiz zum Ausdruck kommt, indem man z. B. für 1 Tael mehr bezw. weniger Shillinge und Pence erhält. Sieht man eine der asiatischen Notizen von Europa aus an, so bedeutet ein

1) Siehe auch Hanisch, Die Lehre von der Technik des Handels, Rothschilds Taschenbuch S. 784.

Steigen des Shilling- oder Mark-Betrages dagegen ein Teurerwerden des Wechselkurses; man muß mehr Mark aufwenden, um 1 $ zu erhalten. Eine Kursbewegung von $2/4^3/_{16}$ auf $2/4^1/_8$ für Singapur hat somit in diesem Zusammenhang zwei entgegengesetzte Bedeutungen: von hier aus, für England also, ist der Kurs um $^1/_{16}$ d günstiger, für Singapur $^1/_{16}$ d ungünstiger geworden. Es entspricht hier die Art der Notierung bereits den tatsächlichen allgemeinwirtschaftlichen Verhältnissen, da bekanntlich ein für das Inland günstiger Wechselkurs für das Ausland in gleichem Maße ungünstig ist. Man kommt auf diese Weise mit einer einfachen Gleichung aus, während bei beiderseitiger direkter oder beiderseitiger indirekter Notiz die Wechselkurse hüben und drüben nur durch eine Proportion [1]) zu vergleichen sind.

Die Möglichkeit, indirekte Kurse ohne Umrechnung als direkte Kurse zu lesen, gilt aber nur für die t. t. Notizen, deren Wert sich ohne Zinsen versteht, und nicht für die langen Sichten. Zunächst ist die Kurszahl der langen Sichten stets höher als diejenige für t. t., da man bei dem Ankauf einer 90 Tage Sicht-Tratte auf Deutschland für bare Hingabe einer asiatischen Einheit, etwa eines Dollars, wegen des Zinsverlustes mehr Mark erhalten muß, als wenn man telegraphische Auszahlung, eine sofort fällige Forderung erstände. Da bei direkter Notiz aus denselben Gründen der lange Kurs niedriger als der kurze ist, so ergibt sich daraus, daß die langen asiatischen Sichten nicht einfach als direkte Notiz in der Richtung von hier nach drüben gelesen werden können, vielmehr müßte rund gerechnet eine in Deutschland erfolgende direkte Notierung von langer Sicht auf Yokohama um denselben Betrag niedriger sein als t. t., wie er in Japan höher als t. t. ist.

Will man sich die Kursbewegung einer langen indirekten Notiz nach direkter Methode vorstellen, etwa zum Vergleich mit einer anderen direkten Notierung, so muß dies in der Art eines Spiegelbildes, etwa nach folgendem Schema, geschehen:

1) Mahlberg, Der Kurs des Frankenwechsels, Zeitschrift f. handelswissenschaftl. Forschung, Bd. III, S. 405.

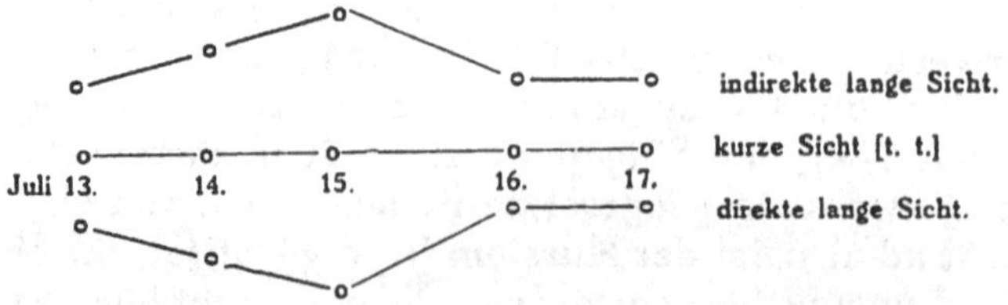

Hierbei ist der Einfachheit halber angenommen, daß die 5 t. t. Notizen unverändert geblieben sind.

Im asiatischen Wechselgeschäft lautet die hauptsächliche Einteilung der Kurse nicht kurze und lange Sichten, wie das in Europa die Regel ist, sondern Verkaufkurse und Kaufkurse, oder, nach der englischen Ausdrucksweise, selling rates und buying rates. Tatsächlich ist dies aber annähernd dieselbe Einteilung, da bei den Verkaufssätzen Auszahlung, also kurze Sicht die wichtigste Notiz ist und Kaufkurse fast nur für lange Sichten notiert werden. Auch im europäischen Verkehr kennt man neben dem Durchschnittskurs Brief- und Geldkurse, die aber dann beide für kurze und für lange Sichten festgestellt werden, während man in Asien für t. t. nur den Briefkurs und für lange Sichten nur Geldkurse regelmäßig notiert. Das hat den Nachteil, daß man beide Sichten nicht ohne weiteres vergleichen kann, der Abstand der veröffentlichten Notizen ist im Verhältnis zur Zinsdifferenz zu groß. Von Bedeutung ist dieser Umstand, wenn man die absolute Höhe der Zinsdifferenz beobachten will, während ihre relative Gestaltung dadurch nicht beeinträchtigt wird, da der Fehler dauernd und durchschnittlich in gleichem Umfange bestehen bleibt. Sehr beachtenswert ist dagegen bei dem Mangel jeder Gegennotiz in Europa die Eigenschaft der Auszahlungskurse als relativ hohe Verkaufkurse und der langen Sichten als relativ niedrige Ankaufkurse dann, wenn man auf Grund der asiatischen Notizen in Europa Geschäfte in asiatischen Wechseln macht. Eine t. t. Notiz von M. 2,24 in Schanghai ist als Verkaufkurs (Briefkurs) zu teuer, da die Schanghaier Banken einen Ankauf von t. t. nur zu einem billigeren Satze vornehmen würden. Nimmt man den Aufschlag mit 1 Pfg. an, so könnte ein gedachter Durchschnittskurs auf 2,24$^1/_2$ M. lauten, da bei der indirekten Notiz ein

Billigerwerden eine Erhöhung der Kursziffer bedeutet. Kauft man in Hamburg zu dem veröffentlichten Satze von M. 2,24 Tael-Auszahlung auf Schanghai, so kauft man relativ billig, jedenfalls günstiger, als wenn der Gläubiger in Schanghai seine Forderung auf Hamburg als Mark-Auszahlung drüben verkaufte. Verkauft man dagegen eine Tael-Auszahlung auf Schanghai in Hamburg zur Notiz, so fährt man relativ schlecht. Genau dasselbe Verhältnis waltet bei den langen Sichten ob, die als Ankaufsraten relativ zu niedrig sind, wie sich aus folgendem Beispiel, bei dem die Differenzen zwischen wirklicher Notiz und gedachter Durchschnittsnotiz mit $^1/_{16}$ d [1]) angenommen ist, ergibt.

Hongkong auf London.

Differenz je $^7/_{16}$ d.	4 Mte. Sicht .	$1/9^{13}/_{16}$	[Ankaufkurs]
			$1/9^{12}/_{16}$ Durchschnittskurs = $^1/_{16}$ teurer
	t. t.	$1/9^3/_8$	
			1/9 Durchschnittskurs = $^1/_{16}$ teurer
	4 Mte. Sicht in London direkt notiert	$1/8^{15}/_{16}$	[Ankaufkurs].

Wer also in London lange Dollarwechsel auf Hongkong kauft, bezahlt relativ wenig, wer verkauft, erhält wenig, sodaß damit sowohl hinsichtlich der t. t. Kurse wie der langen Sichten bei Zugrundelegung der asiatischen Notizen in Europa stets der Ankauf der günstigere Weg ist. Man steht sich demnach auch hier — aber nur von Europa aus — wie bei den europäischen Wechselkursen, was die einmal festgestellten und veröffentlichten Notizen angeht, beim Remittieren besser als beim Trassieren [2]). Das entspricht durchaus den wirtschaftlichen Zuständen, da im Verkehr mit dem Osten in noch viel stärkerem Maße trassiert wird, als es schon bei anderen internationalen Beziehungen üblich ist.

Parallel zu der Einteilung der asiatischen Kurse in Kauf- und Verkaufraten läuft eine Einteilung in Bank-Paper (Bank-Bills) und Private-Paper (Private-Bills), also

1) In Hongkong nimmt man 1/8 d als Marge zwischen An- und Verkaufsraten an.

2) Mahlberg, Der Kurs des Frankenwechsels, Zeitschr. f. handelswiss. Forschung. Bd. 3, S. 406.

Bankwechsel und Warenwechsel, wobei erstere das hauptsächliche Material für Verkaufsraten, letztere für Ankaufsraten bilden. Die Einteilung wird aber nicht immer streng durchgeführt, vielfach werden für Bank- und Warenwechsel An- und Verkaufkurse notiert.

Das wichtigste Objekt der Bank-Paper- und Verkaufraten-Gruppe ist die telegraphische Auszahlung, telegraphic transfer, die modernste Form der Verfügung über Auslandsguthaben. Die t. t. Notiz bildet das Rückgrat der vielgestaltigen asiatischen Sichten. Sie ist dazu vor allen anderen Sichten befähigt, da ihr wegen der Einheitlichkeit und gleichmäßig guten Qualität der zugrunde liegenden Geschäftsabschlüsse — Gegenstand der Preisfestsetzung sind telegraphische Überweisungen asiatischer Banken an Banken in Europa und Nord-Amerika — und der durch keine Zinsberechnung behelligten, bequemen technischen Handhabung am meisten Marktcharakter zusteht. Hierzu kommt als für die Preisbildung besonders bedeutsam der Umstand, daß Auszahlung für die Banken das wichtigste Mittel ist, um über freie Beträge in Europa zu verfügen, daß also die „Spitzen", die sich aus dem Devisenkonto der einzelnen Bank ergeben, für Angebot und Nachfrage nach t. t. wesentlich entscheidend sind, und somit hier die letzte Saldierung stattfindet.

Dem gegenüber sind die vereinzelten Ankaufnotizen für t. t. von geringerer Bedeutung.

Von der technischen Seite der telegraphischen Auszahlungen ist zu sagen, daß die Kosten der Überweisung zu Lasten der Kommittenten gehen und daß der Größe der Abschnitte nach beiden Seiten kein Limit gesetzt ist, was auch von den anderen Sichten gilt.

Zur Gruppe der Verkaufkurse bezw. Bankwechsel gehören auch die in Bezug auf Marktfähigkeit der Auszahlung ähnlichen Sichtwechsel auf Banken in Europa, Amerika usw., Bank bills on demand genannt. Ein wichtiger Zweck dieser Notiz ist, die von Europa usw. einlangenden, in europäischer Währung mit dem Vermerk „Zahlbar zum Ziehungskurse der X-Bank auf Hamburg" ausgestellten Wechsel mit den dortigen Importeuren in Landeswährung abzurechnen. Da es sich dabei um Verkaufskurse handelt, ist der Umrechnungssatz, den der Importeur bezahlen muß, an sich bereits hoch. Man wird aber weiter nicht fehlgehen, wenn man annimmt, daß er außerdem noch hoch ist, denn da alle Banken in diesem Falle gleichmäßig an einem hohen Kurse für Bank bills on demand ein Interesse haben, mag bei dem Fehlen jeder offiziellen Preisfestsetzung oder Preisveröffentlichung leicht der freie Wettbewerb an Wirksamkeit verlieren. Kontrollieren läßt sich das von hier aus nicht, da diese Notizen nicht hierher gelangen, doch scheint folgendes für diese Annahme zu sprechen. In einer Fragebeantwortung von drüben wird nämlich gesagt, daß die Preisdifferenz zwischen t. t. und Sichtwechseln der Banken wohl meist nach dem Londoner Banksatz sich richte, während nach derselben Quelle die Preisdifferenz zwischen kurzen und langen Warenwechseln, also bei schlechterem Wechselmaterial, sich nach dem Londoner Privatsatz richte.

Den Notizen für t. t. und Bank on demand gegenüber kommen die zur selben Gruppe gehörenden Kurse für 3 und 4 M/S. Bankwechsel weniger in Frage; als ausgesprochenes Zahlungsmittel, wie t. t. und on demand, sind sie nicht zu gebrauchen und als Anlagepapiere sind die dokumentierten Warenwechsel rentabler. Langes Bankpapier wird daher wenig abgegeben, zumal Londoner Akzeptkommission und unter Umständen, so in Indien, noch ein besonderer Wechselstempel darauf ruht. Diese Spesen müssen natürlich im Kurse berücksichtigt werden.

Die andere Hauptgruppe sind die Ankaufraten, die sich auch dadurch charakterisieren, daß es sich grundsätzlich um lange Sichten und um Warenwechsel (Private Paper) handelt. Es wurde bereits erwähnt, daß die gelegentlich notierten Ankaufsraten für Bankwechsel oder für kurze Sichten geringere Bedeutung haben. Die zu der zweiten Hauptgruppe gehörigen Sichten sind ebenso vielgestaltig wie die Qualität der hierbei umgesetzten Wechsel. Es handelt sich um die Entnahmen der asiatischen Exporteure auf Europa etc. (hauptsächlich London), die von diesen an die Banken verkauft werden. Man unterscheidet dabei drei

Klassen, und zwar erstens Wechsel, die gegen Bankkredit gezogen sind, kurz Credits genannt, zweitens Ziehungen auf Banken, Bankiers oder auch Warenhändler, bei denen die Verschiffungsdokumente gegen Akzept ausgeliefert werden, Documents against acceptance oder kurz D/A genannt, und drittens Abgaben auf Kaufleute, bei denen die Dokumente gegen Zahlung ausgeliefert werden, Documents against payement oder kurz D/P genannt. Vielfach unterscheidet man nur die beiden letzten Arten, faßt also Credits und D/A zusammen; auch sonst ist die Notiz für Credits und D/A häufig gleich hoch. Die Wechsel mit der Vorschrift Dokumente gegen Zahlung, die D/P Tratten, haben in längerer Sicht einen Unterwert gegenüber D/A, da sie als in London nicht diskontierbar bis zur Bezahlung im Portefeuille der Banken bleiben müssen und vielfach die Vorschrift Dokumente nur gegen Zahlung durch eine geringere Qualität der Wechsel bedingt sein wird [1]). Die Preiseinbuße gegenüber D/A schwankt; in Kalkutta beträgt sie bei 3 und 4 Monate Sicht $^1/_{32}$ d, für 6 Mts.-S. $^1/_{16}$ d, während man in Yokohama $^1/_4$—$^1/_2$% rechnet. Kürzere D/P Wechsel als 3 Mte.-S. werden dagegen meist zur entsprechenden Rate der D/A Wechsel genommen. Das Normalpapier ist die D/A Tratte.

Im übrigen ist das Trattenmaterial aller drei Klassen in keiner Weise einheitlich. Das gilt namentlich von der inneren Qualität der Wechsel, sodaß die Preisbildung sich nicht auf vertretbaren Papieren aufbaut. Die Banken reservieren sich, wenn sie Wechsel kaufen, nur das Recht, ihnen nicht zusagende Stücke, d. h. solche, deren Bezogener nicht paßt, bei der Lieferung zurückzuweisen, während auf der anderen Seite natürlich zu beachten ist, daß die veröffentlichten Notizen keine offiziellen Kurse, sondern eigentlich Offerten sind, deren Höhe von Fall zu Fall der besonderen Güte einzelner Wechsel angepaßt werden kann. Der Größe der Abschnitte ist hier noch weniger eine Grenze

1) So die allgemeine Ansicht; es ist aber darauf hinzuweisen, daß die Zahlungsbedingungen im überseeischen Großverkehr meistens durch die Usancen der betreffenden Branche bestimmt werden.

gesetzt, vielmehr handelt es sich im Gegensatz zu einer börsenmäßigen Preisbildung als Regel um krumme Beträge, so wie sie fallen. Auch die für die Kurse geltenden Sichten werden nicht streng eingehalten; falls andere als die beim Geschäftsabschluß vereinbarten oder offiziell notierten Sichten geliefert werden, wird ein besonderer Kurs zwischen den Beteiligten festgesetzt, jedoch sind längere Papiere als 6 Monate Sicht nicht lieferbar.

Die Zahl der Sichten ist außerordentlich groß, was den Marktcharakter der Umsätze noch mehr einengt. Notiert werden nur Sichtwechsel bezw. Nach-Sicht-Wechsel, und zwar einfache Sicht, 30, 60, 90 Tage und 3, 4 und 6 Monate Sicht. Wechsel mit vollständig begrenzter Laufzeit kommen nicht in Frage. Alle Sichten werden für London stets notiert, während für andere Plätze bezw. Länder in der Regel neben Verkaufsätzen für t. t. und Bank on demand nur ein Kaufkurs 4 Mte.-S., für Singapore und Kalkutta 3 Mte.-S. veröffentlicht wird. Dem entsprechen die von der Hongkong & Shanghai Banking Corporation ausgehenden hiesigen Zeitungsnotizen, während die langen Kurse der Kölnischen Zeitung, die anscheinend einer anderen Quelle als die t. t. Notizen desselben Blattes entstammen, den Eindruck von in Hamburg hergestellten Kursen machen, da sie für alle asiatischen Plätze gleichmäßig auf 90 T/S basiert sind. Als Offerten einer bestimmten Bank wären diese Notizen sehr dankenswert, nur müßte die Bank dabei genannt werden, während die vorliegende Art der Veröffentlichung die Form eines objektiven Kursberichtes hat. Die langen Sichten der Times sind ähnlich zu bewerten.

Bei der Berechnung der Sichten bedient man sich an allen asiatischen Plätzen der englischen Methode, man rechnet das Jahr zu 365 Tagen und die Monate nach dem Kalender. Endlich unterscheidet man in Asien Ready- (Kassa) Kurse für effektive Lieferung, mitunter auch Lieferung innerhalb eines Monats, und Forward- (Termin) Kurse für Abschlüsse auf Zeit, etwa „Credits und D/Acceptance 6 Mte.-S. 1 Mt. Forward" oder 2 oder 3 Mte. Forward. Forward-rates sind in der Regel eine Kleinigkeit billiger als effektive Lieferung; nach einer Mitteilung von drüben bewirken Geldversteifungen in London mitunter ein Steigen der Forward- über die Ready-Sätze. Nach Europa gelangen die Forward-Sätze nicht, außerdem werden sie vielfach nicht offiziell bekannt gegeben und haben noch mehr die Eigenschaft der Einzelvereinbarung [1]).

Zur gemeinsamen Charakteristik der asiatischen Wechselkurse gehört die im Verhältnis zum Pariwert außerordentliche Größe der üblichen Kurszu- und Abschläge. Während im europäischen, etwa dem deutschen, Verkehr in der Regel die Preise für 100 Währungseinheiten mit Preisstufen von 5 Pfg. gelten, lauten die Notizen in Asien auf nur eine Währungseinheit, die Stufen dagegen auf $^1/_{16}$ bis $^1/_{32}$ d oder $^1/_2$—$^1/_4$ Pfg. Dabei handelt es sich nicht etwa um große Einheiten wie das Pfund Sterling; die größte Einheit ist der Schanghai-Tael, also 2—3 M. Bei der Berliner Notiz für 100 Frs.-Scheck Paris machen 5 Pfg. 0,6 $^0/_{00}$, der neuerdings auftretende Zu- bezw. Abschlag von $2^1/_2$ Pfg. nur 0,3 $^0/_{00}$ aus. Für die asiatischen Kurse stellen sich diese Sätze wie folgt:

	Sterling-Parität	Kleinste Preisstufe in Pence	0/00 der Parität	Mark-Parität	Kleinste Preisstufe in Pfennig	0/00 der Parität
Schanghai [1])	2/6	$^1/_{16}$	2,1	2,50	$^1/_4$	1,0
Hongkong [1])	$1/9^1/_2$	$^1/_{16}$	2,9	1,83	$^1/_4$	1,4
Singapore	2/4	$^1/_{16}$	2,2	2,38	$^1/_4$	1,1
Kalkutta	1/4	$^1/_{32}$	2,5	1,36	$^1/_4$	1,8
Yokohama	2/0,58	$^1/_{16}$	2,5	2,09	$^1/_4$	1,2

Für sich genommen sind Preisstufen von $^1/_{32}$ penny gewiß klein, die nächst kleinere Einteilung von $^1/_{64}$ d läßt sich kaum noch übersehen, aber im Verhältnis zur Höhe des ganzen Preises handelt es sich, an modernen Verhältnissen gemessen, um sehr grobe Skalen, grob auch deshalb, weil das wertvollste Gut, nämlich Geld, und ferner nicht nur einer oder der andere Abschluß, sondern der ganze Umsatz eines Tages danach abgeschätzt wird. Es kann keinem Zweifel unterliegen,daß die Feinheit der Preisbildung hierdurch beeinträchtigt wird und zunächst privatwirtschaft-

---

1) Siehe auch die Rückseite des Kurszettels von Hongkong.

2) Wegen der schwankenden Silberparität ist hier ein rundes Pari gewählt.

licher Nachteil die Folge ist. Die meisten von drüben auf diese Frage erteilten Antworten bestreiten einen Nachteil, man hält vielmehr, „angesichts der ganz anderen Geschäfte, solche minimalen Unterschiede wie in Deutschland nicht für denkbar". Wie aber allgemein der extensive Charakter des asiatischen Geschäfts immer mehr nachläßt und die exotischen Gewinnzuschläge aufgehört haben, so wird auch hier auf die Dauer eine Änderung eintreten müssen, was sich aus folgender Antwort aus Kalkutta ableiten läßt: „Die hiesigen Kurszu resp. -abschläge betragen für die Rupie $^1/_{32}$ d = $^1/_5$% des resp. Gegenwerts in anderen Währungen. Da die Differenz allgemein streng eingehalten wird und jeder Beteiligte damit kalkuliert, so kann diese im Verhältnis zum Wert groß erscheinende Differenz kaum als störend für die genaue Preisbildung bezeichnet werden, obgleich zugegeben werden muß, daß bei der heutigen scharfen Konkurrenz der die Arbitrage betreibenden Banken Kurswechselgeschäfte nur unter Konzessionen möglich sind und dadurch häufig $^1/_{32}$ d zugestanden werden muß, was oft den Gewinn aus solchen Kurswechselgeschäften illusorisch macht, da es sich ja bei dem Nachlaß von $^1/_{32}$ d, wie oben angegeben, gleich um $^1/_5$% handelt."

Es ist auch nicht ausgeschlossen, daß die nach hiesigen Verhältnissen großen Kursschwankungen Asiens — siehe Diagramme — zu einem Teil wenigstens durch die zu wenig feinen Preisstufen bedingt sind. Wenn der Frankenkurs in Berlin und der Pfund-Sterlingkurs in Yokohama auf Pari stehen und auf beiden Plätzen kurssenkende Momente von verhältnismäßig gleicher Stärke auftreten — etwa ausreichend um den Pariser Kurs um eine Stufe herabzusetzen — so ist nicht anzunehmen, daß in Yokohama der Kurs wegen der größeren Preisstufe stehen bleibt, vielmehr wird auch hier der sinkenden Tendenz durch den geringst möglichen Abschlag Rechnung getragen werden. Wiederholt sich dasselbe am folgenden Tage, so beträgt das Agio der Währung in Japan bereits 5‰, in Berlin erst 1,2 oder gar nur 0,6‰. Exakt beweisen läßt sich das natürlich nicht, aber ganz unwahrscheinlich dürfte der behauptete Mangel nicht sein; den darin liegenden allgemeinwirtschaftlichen Nachteil spürt natürlich auch der Einzelne.

Im übrigen ergibt sich aus der mitgeteilten Tabelle, daß die Markpreise zwar feiner eingeteilt sind als die pence-Sätze, was mit dem Unterschied in den Größen der kleinsten Einheiten zusammenhängt, daß aber auch sie noch das Doppelte bis Dreifache deutscher Sätze betragen.

3. Die angewandte Diagrammtechnik.

Der Kursdarstellung durch Diagramme wurde bei der vorliegenden Arbeit besondere Beachtung hinsichtlich der Größenverhältnisse zugewandt. Während man bei den meisten statistischen Diagrammen, etwa bei graphischen Darstellungen von Produktionsziffern, verlangen muß, daß das Verhältnis zwischen Linienführung und Diagrammhöhe gleich ist dem Verhältnis zwischen Ziffernbewegung und Gesamtproduktionsgröße, und daß neben der Bewegung auch die absolute Höhe sichtbar wird, kann man diesen Grundsatz auf die Darstellung von Wechselkursen nicht anwenden. Einmal steht nämlich nicht so sehr das Verhältnis einer Schwankung zur ganzen Höhe des Kurses im Vordergrunde, als vielmehr die Abweichung der Kurse von der Parität, wobei der Unterschied, ob ein Pari einen hohen, das andere einen geringeren Wert hat, zurücktritt; es ist hier die Bewegung als solche das Wichtigere. Auf der anderen Seite würde wegen der außerordentlichen Kleinheit der Preisstufen — im Durchschnitt nicht mehr als 1‰ des Gesamtwertes — ein Diagramm, das z. B. beim Frankenkurs auf der Grundlinie mit 0 Mark beginnen sollte, in Buchgröße kaum eine Bewegung zeigen. Man muß deshalb die Bewegungen vergrößert darstellen, wobei das Maß der Vergrößerung bisher willkürlich nach der Größe der Quadrierung oder des verfügbaren Raumes etc. gewählt wurde [1]. Man kann hier die notwendige Willkür dadurch

1) So sind z. B. die jedes Jahr von der Deutschen Überseeischen Bank, Berlin, veröffentlichten „5 vergleichenden Tabellen der Bewegung der Wechselkurse" in folgenden verschiedenen Maßstäben gezeichnet:
1 ‰ des Durchschnittskurses 1911 wurde dargestellt
für Bolivien durch 0,34 m/m Diagrammhöhe
für Rio de Janeiro durch 0,62 m/m Diagrammhöhe
„ Buenos Aires „ 7,28 „ „
„ Valparaiso „ 0,18 „ „
„ Barcelona „ 0,30 „ „
Bei solchen Unterschieden kann man nicht mehr von vergleichend sprechen, die Diagramme ergeben ein falsches Bild.

mindern, daß man stets bei allen Kursdarstellungen genau das gleiche Maß von Vergrößerung anwendet. Damit erreicht man, daß solche Kursdarstellungen ohne weiteres vergleichbar sind. Bei der vorliegenden Arbeit ist mit dieser Methode der Anfang gemacht worden, indem nicht nur die Kurse aller behandelten Plätze im selben Maßstab (eine Kursbewegung von beispielsweise 5‰ wird beim einen wie beim anderen durch einen gleichgroßen Millimeterabstand vom Pari dargestellt), gezeichnet sind, sondern außerdem der Maßstab derselbe ist, der bei der früheren Untersuchung des Frankenkurses [1]) angewandt wurde. Da auch Schmalenbach [2]) für den englischen Kurs annähernd gleiche Größenverhältnisse — seine Vergrößerung ist um $^1/_5$ stärker — angewandt hat, so sind die Kölner privatwirtschaftlichen Wechselkursuntersuchungen in diesem Punkte einheitlich.

Es ist damit dasselbe erreicht, was Schär [3]) durch seine „Reduzierung verschiedener Wechselkurse auf 10 000 Goldeinheiten" bezweckte, nämlich Wechselkurse gewissermaßen gleichnamig und unabhängig von den verschiedenen Münzparitäten vergleichbar zu machen. Schär erreichte dies, indem er die Wechselkursbewegungen in 10 000stel Abweichung von der Parität umwandelte; für die Wahl der Teilung durch 10 000 war dabei kein innerer Grund, sondern nur das Moment einer ganz runden und feinen Teilung maßgebend. In einer Besprechung des Buches wies bereits damals Schmalenbach [4]) darauf hin, daß man in Kursdiagrammen durch entsprechende Raster den gleichen Erfolg herbeiführen könne.

---

1) Mahlberg, Der Kurs des Frankenwechsels, Zeitschrift f. handelsw. Forschung, Bd. III, S. 397.

2) Schmalenbach, Der Kurs des Pfund-Sterling-Wechsels, ebenda Bd. I, S. 241.

3) Schär, Zahlungsbilanz und Diskont, Berlin 1908.

4) Zeitschrift f. handelsw. Forschung, Buchbesprechungen, Bd. III, Seite 118.

Der Maßstab der in der vorliegenden Arbeit gewählten Vergrößerungen leitet sich, wie bereits gesagt, von früher angefertigten Frankenkursdiagrammen her. Damals wurden bei dem deutsch-französischen Pari, 100 frs. = 81 M, jeder Pfennig Kursveränderung durch einen Millimeter Höhe dargestellt. Der Maßstab ist also 1 mm pro $^1/_{8100}$ der Parität. Schwierigkeiten ergaben sich dadurch, daß die mehr oder minder krummen Preisstufen ($^1/_{16}$-$^1/_{32}$ d, $^1/_4$ Pfg.) nie genau in 8100stel vom Pari verwandelt werden konnten und auf der anderen Seite unter 1 mm Höhe praktisch sich nicht zeichnen läßt. Es traten dann entsprechende Korrekturen ein; betrug der Fehler z. B. $^1/_8$ mm, so wurde bei der achten Stufe 1 mm mehr oder weniger genommen.

Hält man die Diagramme der asiatischen Kurse neben diejenigen des Pfund-Sterling- und Frankenkurses — die wichtigsten europäischen Wechselkurse also — so genügt nunmehr ein Blick, um z. B. den gänzlich anderen Charakter der ersteren Gruppe erkennen zu lassen, weil die Linien jetzt ohne weiteres verglichen werden können. Unbedingt notwendig war die Einheitlichkeit der Kursvergrößerung bei der Zusammenfassung des englischen und des deutschen Kurses der einzelnen Plätze in einem Diagramm. Sie erfolgte ebenfalls nach dem Maßstab $^1/_{8100} = 1$ mm. Ist danach der Kalkutta-Kurs auf London $4^0/_{00}$ von der Parität entfernt und derjenige auf Deutschland gleichfalls $4^0/_{00}$, so fallen die Linien im Diagramm zusammen. Das bedeutet, daß der zugrunde liegende deutsch-englische Umrechnungskurs auf Pari stehen muß. Entfernen sich die beiden Kurslinien um 5 mm von einander, so hat sich auch der für die Umrechnung angewandte deutsch-englische Kurs um $^5/_{8100}$ von der Parität entfernt. Handelte es sich daher bei den gezeichneten deutsch-asiatischen Kursen um Original- und nicht, wie es der Fall ist, um in Berlin umgerechnete Notizen, so würde man von dem Kursdreieck Kalkutta-London, Kalkutta-Deutschland, London-Berlin den dritten Kurs London-Berlin mit dem Zirkel von dem Diagramm abgreifen können. Bildlich ausgedrückt heißt das: Wenn man in den Diagrammen von Kalkutta die Londoner oder die deutsche Kurslinie als gerade Linie und unter Wahrung der jeweiligen Abstände von der zweiten Linie straff anziehen könnte, so würde die ihre Bewegung behaltende Linie einen deutsch-englischen Wechselkurs, die angezogene die Paritätslinie ergeben. Wie sich dieser zum tatsächlich zwischen Berlin und London vorhanden gewesenen Kurse stellt, wird später zu behandeln sein. Einstweilen sei nur darauf hingewiesen, daß eine exakte Beobachtung der auf Seite 16 angegebenen Erscheinung nur mittels des benützten einheitlichen Maßstabes möglich war.

Bei der gewählten Methode fallen natürlich die Preisstufen der englischen regelmäßig nicht mit denjenigen der deutschen Sichten zusammen; auch die Paritäten befinden sich meistens nicht auf einer Preisstufe. Letzteres trifft nur zu für die englischen Paritäten von Kalkutta und Singapur und die deutsche von Yokohama.

Besondere Schwierigkeiten ergaben sich bei der graphischen Darstellung der Wechselkurse von Hongkong und Schanghai, da diese nicht auf Goldparität gestellt, sondern als Silberkurse an die Schwankungen des Silberpreises gebunden sind und dadurch gegenüber Goldvaluten ein schwankendes Pari haben. Mit den Wechselkursen der beiden Plätze war also der Silberpreis, und zwar der Londoner, zu vergleichen und Kurse wie Silberpreise als einheitliche Größen in ein Diagramm zu bringen. Der Hongkonger Dollarkurs wie der Taelkurs Schanghais beziehen sich je auf ein bestimmtes Gewicht Silber, das natürlich verschieden ist von dem der Silberpreis-Notiz zugrunde liegenden. Letztere versteht sich in pence für eine Unze Standard-Silber. Der Wechselkurs sagt also in diesem Falle, wieviel der Feinsilbergehalt der Münzgewichtseinheit Hongkongs oder Schanghais in Goldgeld (£ bezw. ℳ) wert ist; die Silbernotiz gibt den Preis für eine Unze Standard-Silber in £ bezw. pence an. Sieht man von der verschiedenen Feinheit ab, so kommt man zu vergleichbaren Zahlen, indem man entweder den pence-Preis pro Unze in einen solchen pro asiatische Münzgewichtseinheit umwandelt, oder indem man den auf dem Silbergehalt der Münzgewichtseinheit basierenden Wechselkurs in einen Kurs pro Unze Silber umrechnet. Gewählt wurde, als das Näherliegende, der erste Weg: Die Londoner Silberpreise der Jahre 1907—1910 wurden durch Kettensätze unter gleichzeitiger Anwendung von Tabellen in pence-Preise pro Feinsilbergehalt des Hongkong-Dollars und des Schanghai-Taels reduziert. Hätten die Wechselkurse der beiden Plätze nun stets dem Wert ihres Silbergehalts zur Londoner Notiz entsprochen, so wären sie dauernd mit den umgerechneten Silberpreisen zusammengefallen, sie hätten dauernd auf Münzparität gestanden. Da sich der Londoner Silberpreis ändert, ist diese Parität eine schwankende; die dadurch hervorgerufene Bewegung der Wechselkurse verläuft parallel zum Silberpreis. Daneben machen diese Wechselkurse aber eine zweite Bewegung, die eigentliche Wechselkursbewegung, durch, die sich als ein Schwanken um die Paritätslinie darstellt und bewirkt, daß Wechselkurs und umgerechneter Silberpreis meistens nicht zusammenfallen. Der Wechselkurs von Hongkong und Schanghai windet sich vielmehr in eigenen Kurven um den selbst in der Bewegung befindlichen Silberpreis, wie dies die Diagramme der Silberpreisreduktionen und der t. t. Notizen deutlich machen.

An sich lassen sich die Linien der t. t. Notiz wie die der umgerechneten Silberpreise nach derselben Zahlenleiste lesen, da aber die letztere Linie nicht nur Reduktion des Silberpreises ist, sondern gleichzeitig den Verlauf des Londoner Silberpreises regelrecht und ohne Einschränkung darstellt, ist eine weitere, die Nominal-Preisstufen des Londoner Silberpreises angebende Zahlenleiste zur Kontrolle hinzugefügt.

Durch das Gebundensein der Silber t. t. Notizen an den Silberpreis und durch die großen Schwankungen des Silberwerts, die in dem untersuchten Zeitraum rund 25 Prozent betragen und daher zu Wechselkursschwankungen von Promille-Größe in keinem Verhältnis stehen, war es bei diesen Kursen nicht möglich, den Vergrößerungsmaßstab von $^{1}/_{8100}$ Parität pro mm anzuwenden. Die Diagramme müßten nämlich dann ca. 3 bezw. 4 Meter hoch sein. Sie wurden deshalb zunächst so groß gezeichnet, daß sich alle Einteilungen bequem machen ließen, und nachher durch Photographieren derartig verkleinert, daß sie in der vorliegenden Form nach Umfang und Verhältnis von Preisstufe zu Parität rund $^1/_{20}$ der anderen Diagramme betragen. Bei einem Vergleich muß man sich demnach alle Abmessungen 20 mal so groß vorstellen. Das gilt namentlich für die Abweichungen der t. t. Notizen vom Silberpreis, während eine gedachte Vergrößerung der auf den Silberpreis zurückzuführenden Schwankungen deutlich werden läßt, welch ein ungeheuerliches Ding eine Silberwährung heute ist. Braucht man für den Frankenkurs ein Diagramm von 10 cm Höhe, um obere und untere Goldpunkte, die normalen Schwankungsgrenzen also, darin unterbringen zu können, so müßte ein im gleichen Maßstab hergestelltes Diagramm des Hongkonger Kurses für 1907—1910 3,60 m Höhe aufweisen.

Über die Größenverhältnisse der Abweichungen der t. t. Notizen vom Silberpreis, also der eigentlichen Wechselkurse von Hongkong und Schanghai, die mit der Silberbasis als gerader Linie in Diagramm Nr. 21—24 nochmals besonders dargestellt sind, wird später gesprochen werden.

Die größten Schwierigkeiten bot die Einfügung der Mark t. t. Notiz in die Diagramme von Hongkong; bei Schanghai wurde die Marknotiz weggelassen, da aus deren Darstellung Neues nicht zu erwarten war. Für Hongkong handelte es sich darum, die Markkurse im selben Größenverhältnis wie die pence- und reduzierte Silbernotiz zu zeichnen, da auch der Markkurs von dem Londoner, in pence notierten Silberpreis, nicht aber von dem in diesem Zusammenhang bedeutungslosen Hamburger Silberpreis [1]) abhängig ist. Zweitens war die Linie der Marknotiz so in das Diagramm hinein zu bringen, daß ihr Verlauf in richtigem Verhältnis zu den beiden anderen Linien stand. Zu dem Zwecke wurde die obere und die untere Stufe der auf sh/d lautenden Zahlenleiste mittels der deutsch-englischen Parität in Mark verwandelt und der dazwischen liegende Raum in soviel $^1/_4$ Pfg.-Abschnitte (= kleinste Preisstufe

1) Nach übereinstimmenden Angaben von drüben kommt die Hamburger Silbernotiz für die asiatischen Silberkurse nicht in Betracht.

der Marknotiz) eingeteilt, wie die Differenz zwischen dem umgerechneten oberen und unteren Markbetrag umfaßte. Dadurch ist Folgendes erreicht:

Will man die Höhe der Hongkonger Notiz für Mark-Auszahlung und ihren Abstand vom Silberpreis untersuchen, so ist das in einem konkreten Falle ohne weiteres möglich; man kennt den t. t. Kurs und den Silberpreis in London, und man weiß ferner, welchen deutsch-englischen Wechselkurs man für die Umrechnung des Londoner Silberpreises in Mark benutzen kann. Man reduziert also den Silberpreis auf Dollar-Silbergewicht, rechnet diesen Betrag in Mark um und kann dann vergleichen. Für eine allgemein gültige Untersuchung wie die vorliegende ist dieser Weg nicht gangbar, da man nicht weiß, welcher deutsch-englische Wechselkurs angemessen ist. Vielleicht ist das der tatsächlich notierte Scheckkurs, vielleicht aber auch irgend ein anderer gar nicht notierter Wechselkurs, ähnlich wie kurze und lange deutsche Sicht in Paris um einen Zinsfuß auseinander sind, der in dieser Höhe nirgends notiert wird [1]. Man könnte sich nun helfen, indem man zur Umrechnung den Berliner Scheckkurs auf London nähme. Das würde natürlich nicht genau, verbot sich aber vor allem wegen der damit verbundenen ungeheuerlichen Arbeit, da mit der fixen Zahl, die dem Verhältnis zwischen einer Unze Standard-Silber und dem Feinsilbergehalt des Hongkong-Dollars entspricht, für jeden Tag der untersuchten 4 Jahre der schwankende Silberpreis und der gleichfalls schwankende Berliner Scheckkurs hätte verrechnet werden müssen und die Benutzung von Tabellen ausgeschlossen gewesen wäre.

Da bot sich in dem Goldgehalt der zu vergleichenden Beträge ein gemeinsamer Maßstab, um Mark t. t. mit Londoner reduziertem Silberpreis und auch mit pence t. t. — da die beiden letzteren bereits vereinheitlicht sind — zu vergleichen, da man das Goldgewicht beispielsweise von 1/9 reduzierter Silberpreis, 1/10 t. t. London und M. $1{,}87^1/_4$ t. t. Deutschland kennt. Es ließen sich also die Kurse im

1) Mahlberg, Der Kurs des Frankenwechsels, Zeitschrift für handelswissensch. Forschung, Bd. III, Seite 413 ff.

Verhältnis ihres Gehalts an Feingold in e i n Diagramm bringen. Da die beiden ersten Kurse bereits zusammen passend gezeichnet waren, mußte nur noch der Markkurs im Verhältnis des Goldgehalts dazu gebracht werden. Da ferner der Goldgehalt sich in der Parität ausdrückt, entspricht z. B. einem t. t. Kurs von 1/10 ein Mark t. t. Kurs von rund 1,87¹/₄, und beim Zeichnen war es nur nötig, den Kurs von M. 1,87¹/₄ da einzusetzen, wo 1/10 seinen Platz hat. Praktisch wurde das, wie bereits gesagt, durch Umrechnen der Zahlenleiste zur deutsch-englischen Parität durchgeführt. Somit haben die 3 Kurslinien einen einheitlichen Maßstab.

Zunächst hat das für die pence t. t. und die Mark t. t. Notiz den Vorteil, daß man ihr Verhalten zu einander beobachten kann. Das Bild, das sich dabei ergibt, entspricht — abgesehen von dem Gebundensein an den schwankenden Silberpreis — dem beobachteten Verlauf des deutschen zum englischen Kurse an den anderen Plätzen Asiens, d. h. die beiden Kurse schwanken zueinander, entsprechend der Croßrate Berlin-London. Steht also in Yokohama der deutsche Kurs über, unter oder auf dem englischen, dann ist es auch so in Hongkong. Natürlich kann es nicht anders sein, da es sich um Berliner Umrechnungen handelt.

Hier muß nun, um die Wirkung der angewandten Diagrammtechnik ganz darzustellen, vorweg genommen werden, daß der Verlauf der Originalkurse zueinander, wie sie draußen auf England u n d Deutschland in Geltung waren, nicht viel anders gewesen sein kann, als der Verlauf der in Berlin durch Umrechnung gewonnenen Kurse, und daß die pence- und Marknotiz nur um den deutsch-englischen Wechselkurs verschieden sein können. Für Hongkong könnte man demnach durch Abgreifen mit dem Zirkel den im Vorstehenden entbehrten a n g e m e s s e n e n deutsch-englischen Wechselkurs gewinnen, mit ihm den auf Dollar-Gewicht reduzierten Londoner Silberpreis in Mark umwandeln und diese Mark-Parität des Hongkong-Dollars ebenfalls organisch in das Diagramm einfügen. Die pence-Paritätslinie (reduzierter Silberpreis) und diese neue Mark-Paritätslinie würden dann untereinander genau in derselben

Weise verlaufen, wie die gezeichneten pence t. t. und Mark t. t. Linien des Diagramms. Steht z. B. Markauszahlung $5^0/_{00}$ über pence-Auszahlung, so bedeutet das, daß der deutsch-englische Wechselkurs ebenfalls $5^0/_{00}$ über Pari steht; rechnet man zu diesem Kurse den Londoner Silberpreis in Mark um, so ergibt sich für das Hongkonger Mark-Pari ein Markbetrag, der nach Goldgehalt größer ist als das zugehörige Hongkonger Pfund Sterling-Pari; das Mehr an Goldgehalt beträgt $5^0/_{00}$. Somit würde sich eine in das Diagramm einzufügende Linie der Hongkonger Mark-Parität in derselben Weise um die englische Silberpari-Linie schlängeln, wie sich die Mark t. t. Notiz um die pence t. t. Notiz windet.

Nimmt man folgendes Kursbeispiel:

Reduzierter Londoner Silberpreis (Hongkong pence-Pari)	1/8
pence t. t. Kurs	$1/8^{13}/_{16}$
Mark t. t. Kurs	$1,77^3/_4$,

so stehen diese Kurse im Diagramm etwa in der Weise übereinander, wie in dem nachstehenden Schema diejenigen Punkte, neben denen ein e i n f a c h unterstrichener Kurs sich befindet.

	sh/d	Mark [1]	
	($1/8\,^7/_8$)	$1,77\,^3/_4$	t. t. Deutschland
t. t. London	$1/8^{13}/_{16}$	($177\,^1/_4$)	
	($1/8^1/_{16}$)	$1,70\,^3/_4$	berechnete Parität Hongkong-Deutschland
Parität Honkong-London	1/8	($1,70\,^1/_4$)	

Die Skala für sh und d ist die gegebene Ausgangslinie; M. $1,77^3/_4$ ergibt zur Parität gerechnet $1/8^7/_8$ und ist dort eingezeichnet, wo die englische Skala $1/8^7/_8$ anzeigt. Bei $1/8^{13}/_{16}$ = M. $1,77^3/_4$ ist 1 £ = M. 20,49, rund gerechnet; der in diesem Falle angemessene deutsch-englische Kurs ist also 20,49 und ergibt, angewandt auf die Hongkong-London-Parität von 1/8, eine Hongkong-Mark-Parität von M. $1,70^3/_4$. Würde man die letztere Zahl unabhängig von der hier angewandten Methode, etwa durch Umrechnen von 1/8 zum

1) Die Umrechnungen lauten auf r u n d e Beträge.

Berlin-Londoner Tageskurs von 20,49 gewonnen haben, und man wollte nun 1/8 und M. 1,70$^{3}/_{4}$ in ein Diagramm bringen, so müßten sie so zueinander gezeichnet werden, wie dies oben geschehen ist, d. h. im Verhältnis des Goldgehalts der beiden Beträge. Da ferner Mark- und pence-Skala bereits in diesem Verhältnis zueinander stehen, so würde der Mark t. t. Kurs von 1,77$^{3}/_{4}$ an die Stelle kommen, wo er oben bereits angedeutet ist. Somit ist durch die Zeichnung der Kurse nach Goldgehalt nicht nur eine einheitliche Vergleichsbasis geschaffen, sondern der Mark t. t. Kurs verläuft im Diagramm an der Stelle, wo er tatsächlich verlaufen muß. Die fehlende Linie der Hongkonger Mark-Parität läßt sich dazu aus der Bewegung der beiden t. t. Kurse ablesen.

Aus dem obigen Schema ergibt sich weiterhin, daß die t. t. Kurse stets gleichweit von ihren zugehörigen Paritäten (1/8$^{13}/_{16}$ ./. 1/8 entspricht M. 1,77$^{3}/_{4}$ ./. 1,70$^{3}/_{4}$) entfernt sind. In anderer Formulierung heißt das, daß der Wertunterschied der Wechselkurse zum Silberpreis für alle Wechselkurse eines Silberplatzes bezw. Silberlandes einheitlich und nicht etwa — wie man anzunehmen versucht sein könnte — länderweise verschieden ist. Führt man nämlich die Abweichungen der t. t. Kurse von der Silberparität auf dieselben Ursachen, die den Verlauf gewöhnlicher Goldwechselkurse bedingen, zurück, sieht man also den Umfang der Abweichungen nach oben und unten als den eigentlichen Wechselkurs an, so müßten hier wie dort die Abweichungen vom Pari länderweise verschieden sein. Daß dies für Silberwechselkurse nicht möglich ist, letztere vielmehr dem gesamten Auslande gegenüber in dieser Beziehung nur einen Wechselkurs haben, beruht auf der Wirksamkeit des noch zu begründenden Satzes: Je zwei Wechselkurse eines Platzes (Berlin auf St. Petersburg und Berlin auf Stockholm) können immer nur um den Kursunterschied zwischen den bezogenen Plätzen (St. Petersburg auf Stockholm) differieren.

II. Die asiatischen Wechselkurse.

1. Der indische Wechselkurs.

Die Währung [1]) des Kaiserreichs Britisch-Indien ist ein eigentümliches Gebilde. Sie ist weder Gold- noch Silber- noch Doppelwährung im üblichen Sinne, sondern ein System, das einzelne Züge aller drei Währungen in sich vereinigt, im übrigen aber in seinem Aufbau der Wirtschaftsverfassung Indiens kongruent ist. Die Geldeinheit ist bereits seit 1835 die silberne Rupie (Rp.) = 16 Annas = 12 Pie oder 4 Pesas [2]). Die Rupie wiegt 180 Troygrains = 11,664 g bei einer Feinheit von 11/12. Sie ist das eigentliche Umlaufsmittel Indiens und für die Eingeborenen mit ihrem, an europäischen Verhältnissen gemessen, niedrigen standard of life das „große" Geld; die kleinste, technisch noch umlaufsfähige Goldmünze wäre in diesem Sinne noch zu groß. Die daneben in geringem Umfange vorhandenen alten indischen Goldmünzen (Mohur of Bombay, Gewicht 11,6638 g, Feingehalt 0,920, Stücke von 1, $^1/_2$ und $^1/_4$ Mohur), dienen nicht dem Umlauf, sondern Thesaurierungs- und Schmuckbedürfnissen. Ihr ursprünglicher Wert war 15 Rp., was bei dem gleichen Feingewicht der Rupien einer Wertrelation des Silbers zum Golde von 1: 15 entsprach. Dem Zustand, daß heute noch wie stets die Rupie, also eine bestimmte Menge Silbers, nicht nur Umlaufsmittel, sondern für die Masse der indischen Bevölkerung auch tatsächlich der Maßstab aller Werte ist, wird dadurch Rechnung getragen, daß die Rupie unbeschränkt gesetzliches Zahlungsmittel ist. Zur reinen Silberwährung fehlt das Merkmal der freien Ausprägung, die im Jahre 1893 mit der Maßgabe aufgehoben wurde, daß die Münze in Bombay und Kalkutta Silberrupien nur noch gegen Einlieferung von G o l d, und zwar pro Rupie 7,53344

---

1) Ausführliches über die indische Währung — das Schulbeispiel für Währungsprobleme — siehe die bekannten nationalökonomischen Sonderschriften von Arnold, Heyn, Bothe, namentlich aber Singer Motive der indischen Geldreform, ferner die erwähnten Arbeiten von Schmalenbach, Sonndorfer und die Angaben in Swoboda.

2) Für größere Geldbeträge hat man: 1 Croce = 4 Arel = 100 Lac = 10 000 000 Rupien.

grains troy = 0,4882 gr Feingold, verausgabte. Während bis dahin der Goldwert der Rupie mit dem Silberpreis sich bewegte, oder genauer, der Rupienkurs um die Goldparität herum und mit ihr geschwankt hatte, wurde durch die Dekretierung von 7,53344 grains troy Gold = 1 Rupie für den ausländischen Zahlungsverkehr Indiens ein fester Punkt nach oben, ein Kursmaximum geschaffen, denn diese Goldmenge entspricht dem Goldgehalt von $^1/_{15}$ £, also 16 d. Wer für 16 d Gold einlieferte, mußte dafür 1 Rp. oder für je 1 £ Sterling 15 Rp. erhalten, gleichgültig, wie hoch der Silberpreis stand. Die Goldparität der Rupie war somit auf 16 d festgesetzt. Die Lage war im Durchschnitt des Jahres 1893 folgende:

Silberpreis	d 35,375
Silberwert der Rupie in	d 13,15
Rupienkurs in	d 14,82

Um das gewählte Pari von 16 d zu erreichen, mußte der Rupienkurs sich völlig von seinem Silberwert loslösen, entsprechend steigen und sich auf ungefähr diesem Punkte halten. Der Kursverlauf während der Reformperiode war nach den Ziffern von Schmalenbach[1]) folgender:

Im Jahresdurchschnitt		1893	1894	1895	1896	1897	1898
Silberpreis	d	$35\,^3/_8$	$28^{15}/_{16}$	$29\,^7/_8$	$30\,^3/_4$	$27\,^9/_{16}$	$26\,^{15}/_{16}$
Silberwert der Rupie in	d	13,15	10,75	11,10	11,43	10,24	9,99
Rupienkurs in	d	14,82	13,31	13,31	15,41[1])	$15^{31}/_{32}$[2])	$16^1/_{32}$[3])

Am 25. Juni 1893, dem Tage des Inkrafttretens des Währungsgesetzes, hatte der Rupienkurs bereits die Parität von 16 d erreicht, da die Spekulation das mutmaßliche Steigen des Kurses vorweggenommen hatte. Schon im folgenden Monat begann der Kurs indessen wieder zu fallen, und endgültig erreicht wurde die Parität erst 1897. Durch das Währungsgesetz vom 15. September 1899 wurde der englische Sovereign zum legal tender, zum gesetzlichen Zahlungsmittel erklärt, der Silber-Rupie aber die volle Zahlkraft belassen, während bereits 1897 die freie Ausprägung von Gold eingeführt worden war. Das indische Silbergeld ist so mit dem englischen Goldgelde zu einer Einheit ge-

1) a. a. O.
2) Ultimo Februar 1898.
3) Am Jahresende 1898.

worden, die sich durch die Rupie dem Wirtschaftsleben der Eingeborenen, mit dem Sovereign dem europäisch organisierten Großhandel anpaßt und das Silberland Indien mit der Goldwelt organisch verbindet.

Erwägt man, auf welche Weise es möglich war, den Wert der Rupie von ihrem Silbergehalt loszulösen und ihn willkürlich auf 16 d zu normieren, so ist inländischer und ausländischer Zahlungsverkehr scharf auseinander zu halten. Nach innen konnte die indische Regierung einen beliebigen Wert dekretieren, es bedurfte dazu, um mit Knapp[1]) zu reden, nur des rekurrenten Anschlusses, der neue Wert muß zum alten durch Regierungsanordnung ins Verhältnis gesetzt werden. Da zudem die Regierung an dem Umlaufswert der Rupie in Indien selbst nichts änderte, so bestanden nach innen keine Schwierigkeiten. Diese lagen vielmehr darin, den Auslandswert der Rupie, den Wechselkurs auf London also, auf 16 d zu bringen. Hätte Indien umgekehrt für sich die Pflicht anerkannt, für 15 Rp. 1 £ Gold herzugeben, so hatte man es mit einer glatt sich durchsetzenden Goldwährung zu tun. Das geschah aber nicht. Die Meinung ging nun dahin, man könne durch Einengung des Umlaufs von Rupienstücken deren Auslandswert bis auf die gewählte Parität steigern, eine Kontraktion des Münzenumlaufs sollte den Wert der Auslandsforderungen entsprechend ändern. Singer[2]) hat überzeugend nachgewiesen, daß der wirkliche Verlauf der Dinge während der Reformperiode ein anderer war und daß — mit dem Ausdruck Knapps — pantopolische Momente, die Gesamtheit der allgemein den Wechselkurs bestimmenden Faktoren es waren, die das endgültige Erreichen der neuen Parität bedingt haben.

Noch höher steigen kann der Kurs nur um die Goldbeschaffungskosten. Auf der anderen Seite kann er heute praktisch auch nicht mehr ins Ungemessene, etwa wieder auf den Silberwert fallen, da die indische Regierung zwar

---

1) Knapp, Staatliche Theorie des Geldes, Leipzig (Duncker u. Humblot), 1905.

2) Singer, Die Motive der indischen Geldreform, Straßburg (Karl J. Trübner), 1910.

nicht die absolute Einlösbarkeit von Rupien in Gold anerkennt, die Einlösbarkeit aber tatsächlich durch verschiedene Maßnahmen sicher gestellt hat und zudem die Entwicklung des Geldumlaufs in der gleichen Richtung vor sich gegangen ist. Näheres hierüber wird unten bei der Besprechung der indischen Goldpunkte anzuführen sein.

Durch die Bewertung des Sovereign zu 15 Rupien entspricht dieser dem alten Werte des Mohurs. Außerdem weist Singer auf eine weitere rechnerische Beziehung hin: da der Sovereign gleich 15 Rp. zu je 16 Anna's gilt, so entspricht die Anna als 240ster Teil des Sovereigns vollständig dem englischen Penny.

Geht man bei der Betrachtung der indischen Währung nicht von ihrer historischen Entwicklung, sondern von ihrem heutigen Zustande aus, so stellt sie sich wesentlich einfacher dar. Sie unterscheidet sich von der Währung Deutschlands zunächst äußerlich dadurch, daß die Rupien indischer und die Goldmünzen englischer Prägung [1]) sind, und theoretisch durch die volle Zahlkraft von Gold und Silber. Weiter hat die Rupie einen relativ größeren Silbergehalt als die deutschen Münzen, ihr Unterwert ist geringer, wie sich aus folgenden Zahlen ergibt.

1 Rp = 16 d = ℳ 1,37.

Silberwert von 1 Rp = 0,8233 ℳ } Bei einem Silberpreis
" " ℳ 1,37 = 0,5269 " } von 26 d.

Steigt der Silberpreis stark, so wird infolgedessen der Silberwert der Rupie eher den Nominalwert erreichen als etwa die Mark; dieser Punkt liegt nach einer Berechnung von Schmalenbach [2]) bei einem Silberpreis von $42^{5}/_{16}$ d, ein Preis, der seit 1891 nicht entfernt mehr erreicht worden ist. Endlich unterscheiden sich die indischen von deutschen Verhältnissen durch den relativ größeren Silberumlauf.

Der Goldimportpunkt für Indien unterscheidet sich nicht von den Verhältnissen anderer Goldländer; der Kurs der Rupie muß um mehr als die Versendungskosten über

1) Nach A. Lansburgh, „Eine währungspolitische Lektion", Aprilheft der „Bank" 1910 (zitiert bei Singer S. 41) finden seit 1906 Sovereign-Prägungen auch in den indischen Münzen statt.

2) a. a. O.

(„über", wegen der indirekten Notierung) die Parität von 1/4 steigen, um eine Remittierung von Gold lohnend zu machen. Diese Kosten [1]) beziffern sich heute für Gold (und Silber) von London nach Kalkutta auf

Fracht $^{1}/_{2}$ %	= 0,50 %
Versicherung $^{3}/_{4}$ ‰	= 0,075 „
Kurtage $^{1}/_{8}$ %	= 0,125 „
Nebenspesen	= 0,05 „
	0,75 %,

und zwar für Barrengold u n d für Sovereigns, da letztere in Indien kurant sind und ein Verlust für Fehlgewicht nicht zu berücksichtigen ist. Hierzu muß für die lange Reisedauer je nach Zinsfuß ein Zinsverlust von im Durchschnitt $^{1}/_{4}$ % gerechnet werden.

Der indische Goldexportpunkt ist insofern anders, als die indische Regierung, wie schon erwähnt, zwar verpflichtet ist, gegen Einlieferung von Gold Rupien herzugeben, aber eine umgekehrte Pflicht, gegen Rupien, also gegen das Umlaufsmittel des Landes, Gold oder Sovereigns zu liefern, nicht besteht. Bei dem ursprünglich im Verkehr befindlichen geringen Goldvorrat Indiens glaubte man befürchten zu müssen, daß deshalb bei entsprechender Gestaltung der indischen Zahlungsbilanz der Wechselkurs bis auf den Silberwert fallen könne. Die Entwicklung der Dinge und die tatsächlich verfolgte Währungspolitik der indischen Regierung haben diese Befürchtung ausgeräumt. Der Goldvorrat im Verkehr nimmt dauernd zu, und die Regierung, die aus währungs- und ebenso gewichtigen finanzpolitischen Gründen an der Aufrechterhaltung der Parität interessiert ist, gibt freiwillig [2]) Gold zum Parikurse, also 1/4, her und außerdem in Pfund zahlbare Tratten auf London — sie hält dort eine in englischen Konsols angelegte sogenannte Goldreserve — zum Kurse von ca. 1/3$^{7}/_{8}$. Daneben hat die indische Regierung nach S i n g e r bei der Bank von England ein depositum regulare von Gold als Deckung für die in Indien ausgegebenen Kassenscheine und ferner in Indien selbst eine Goldreserve von 5 Mill. £.

1) Die Angaben von S w o b o d a sind zu niedrig.

2) Paul G e o r g e, Die Bewegung des Silberpreises seit 1873, Jena (Fischer) 1908, S. 65.

Im geschäftlichen Verkehr gelten als Goldpunkte von und nach England die Kurse $1/4^{1}/_{8}$ und $1/3^{7}/_{8}$, dagegen sind Sovereigns-Importe nach Indien von anderen Ländern, z. B. von Australien mit seinen günstigeren Zahlungsbedingungen, schon bei einem Kurse von $1/4^{1}/_{16}$, von Ägypten bei einem Kurse von $1/4^{3}/_{32}$ an möglich und üblich. Da das ägyptische Gold auch von London kommt, so ergibt sich die eigenartige wirtschaftliche Erscheinung, daß die Transportkosten durch das Anhalten des Goldstromes an einer Zwischenstation für Indien verbilligt werden.

Zum Vergleiche seien in Deutschland mögliche Goldexportpunkte für Frankreich und England hier beigefügt.

Berlin-London ℳ 20.498 ./. Parität = 3.3773$^0/_{00}$ der Parität
Berlin-Paris „ 81.35 ./. „ = 4.3209$^0/_{00}$ „ „
Indien-London $^1/_8$ d von 1/4 = 7.8125$^0/_{00}$ „ „

S i n g e r kommt mit einem Schwingungsspielraum von 1,55$^0/_0$ für die indische Währung zu dem gleichen Satze.

Die deutsche Rupien-Parität ergibt sich aus dem Sterling-Wert der Rupie:

1 Rupie = (1 £ : 15) = (ℳ 20,42946 : 15) = ℳ 1,36196.

Da ein Edelmetallverkehr zwischen Deutschland und Indien nicht üblich ist, kennt man auch keine bestimmten Goldpunkte; man kann sie natürlich an Hand der genannten Angaben berechnen. Im übrigen bezieht Indien sein Barrengold fast gleichmäßig von London und Australien, während Barrensilber zum weitaus größten Teil von London kommt[1]).

---

1) Die Verteilung der Herkunft zeigt folgende Tabelle:

Indiens Goldbewegung.

Einfuhr in 1000 £	1905/06	1906/07	1907/08	1908/09	1909/10
England	4016	5457	5879	3335	7642
Österreich-Ungarn	6	3	2	1	24
Frankreich	11	26	24	4	1017
Ägypten	405	192	1658	99	4691
Kapkolonie und Natal	36	716	100	89	62
Aden	145	136	138	99	181
Asiatische Türkei u. Arabien	405	342	489	370	341
Ceylon	29	60	16	62	52
China einschließl. Hongkong	556	528	680	529	581
Straits Settlements	10	624	104	19	141
Australien	4209	4289	4735	978	1948
Einfuhr im Ganzen	9833	12356	13835	5603	16687
Ausfuhr im Ganzen	9527	2452	2257	2699	2234
davon nach England	8363	2013	2201	2406	2190

Die große Rolle, die die Silbereinfuhr und Ausfuhr in Indien spielt, ist heute anders anzusehen als vor der Währungsreform. Bis dahin war der Silberverkehr Indiens der Edelmetallbewegung des Landes im üblichen, auf dem Stand der Zahlungsbilanz abzielenden Sinne zuzurechnen, da Silber frei ausprägbares Währungsmetall war. Heute ist der Silberverkehr eigentlich der Warenbewegung anzugliedern, da in den internationalen Beziehungen Indiens — abgesehen von China — Silber nur noch eine Ware, nicht mehr unmittelbares Zahlungsmittel ist. Der Bedarf an Silber ist zwar kaum geringer geworden, aber es wird nur noch als Ware von der Regierung für Münzzwecke [1]), seitens der indischen Bazare zu Luxuszwecken importiert, wenn es auch noch immer vor gewöhnlichem Kaufmannsgut Hochwertigkeit, große Wertbeständigkeit, schnelle Realisierbarkeit usw. voraus hat und deshalb die sogenannte Zahlungsbilanz schnell und nachdrücklich verschieben kann. Auch der Umstand, daß die Träger der indischen Edelmetalltransaktionen noch immer ausschließlich Banken sind und nicht der reguläre Handel, hat keine grundsätzliche Bedeutung mehr. Zwar sind es Banken, die unmittelbar in Besitz der durch Silberverschiffungen entstehenden internationalen Forderungen kommen; die Banken können Silber versenden oder sich senden lassen, um Wechselforderungen auszugleichen, — wenn sonst die Umstände es erlauben, etwa die Silberpreise in London und in Indien nicht paritätisch sind. Aber hierzu wäre dann auch der Handel in der Lage, und der Umweg, den die entstehende Auslandsforderung zu machen hätte, ehe sie an eine Bank käme, ist nicht von grundsätzlicher Bedeutung und dazu heute sehr klein. Die erwähnten Eigenschaften des Silbers, vor allem dessen internationale Vertretbarkeit und die ausgedehnten Beziehungen zum nahen China ermöglichen es den indischen Banken,

1) Von der indischen Regierung wurden in den Jahren 1896—1910 an Silbermünzen in Verkehr gebracht:

Jahr	1896	1897	1898	1899	1900	1901	1902	1903	1904	1905	1906
Mill. Rp	10,5	19,7	58,2	55,6	92,0	194,1	113,1	185,8	208,3	161,4	200,5
Jahr	1907	1908	1909	1910							
Mill. Rp	260,9	185,6	44,1	37,2.							

Statistical Abstract for the colonies, 1911.

ihre historische Rolle weiter zu führen. Im übrigen ist der Zu- und Abfluß des Silbers in Indien nicht mehr Ausdruck der Zahlungsbilanz, sondern wird von anderen Gründen bedingt. Daran ändert auch nichts der Umstand, daß die Indier Silberbarren nicht nur zu Ornamenten und sonstigem Schmuck verwenden, sondern auch zur Vermögensanlage benutzen, denn die umgekehrte Transaktion der Umwandlung der Barren in Geld stellt sich nur noch als Verkauf von Metallmengen dar. Im Verkehr mit dem Silberlande China ist die Sache etwas anderes, ohne jedoch das Bild grundsätzlich zu ändern, denn auch England z. B. verschifft Silber nach China, ohne daß man diesen Export anders als eine Warentransaktion ansieht.

Über Art und Umfang des indischen Silberbedarfs und die sogenannte Thesaurierung läßt sich ein Bericht [1]) des Handelssachverständigen beim Generalkonsulat Bombay näher aus: „Den Gegenwert, welchen der Bauer für seine Landesprodukte in klingender Münze sich auszahlen läßt, benutzt er nicht etwa zur Verbesserung seiner Lebenshaltung, wie z. B. für den Bau einer besseren Hütte, zur Anschaffung besserer Kleidungsstücke etc. oder noch viel weniger zur Verzinsung durch Anlage in Sparkassen und dergleichen, sondern er behält im allgemeinen das Geld in Münzen bei sich oder behängt damit in Gestalt von Schmucksachen seine Frau und seine Kinder. Der bislang dem Handel auf diese Weise entzogene Wert ist verschiedentlich auf 300 Millionen Pfund geschätzt worden. Man behauptet sogar, daß die jährlich dem Verkehr entnommenen Summen sich auf 11 Millionen Pfund belaufen sollen. Dieser Betrag dürfte in früheren Jahren, als die Zustände des Landes noch unsicherer waren, erreicht worden sein, doch ist kaum anzunehmen, daß derartige Summen noch jetzt sozusagen vergraben und versteckt werden, und viele Zeichen sprechen dafür, daß auch der indische Sparer sich immer mehr dazu versteht, seinen Reichtum in den Postsparkassen zu hinterlegen oder auch in guten mündelsicheren Papieren, auch selbst in Industriebetrieben wie z. B. Baumwollfaktoreien, Kohlenzechen usw. zur Verzinsung anzulegen. Fernerhin

1) Deutsches Handelsarchiv, 1909, II. Teil, Seite 303.

ist zu erwähnen, daß der durchschnittliche Überschuß der Einfuhr über die Ausfuhr der Edelmetalle während der letzten 5 Jahre den Betrag von ungefähr 21 Millionen Pfund erreichte, sodaß mehr als die Hälfte dieser Summe absorbiert werden müßte."

Den Silberbedarf Indiens macht sich die Regierung durch Belegung der Einfuhr mit einem Silberzoll nutzbar, der im März 1910 von 5% des Wertes auf 4 Annas pro Unze erhöht worden ist; bei dem damaligen Silberpreis entspricht das einem Zoll von 17% des Wertes [1]).

Ein besonderes Gepräge verleiht dem internationalen Zahlungsverkehr Indiens der Umstand, daß die indische Regierung mit großen Überweisungen an ihm beteiligt ist. Indien hat alljährlich in London für Zinsen [2]), Tilgungsraten und Pensionen für die zahlreichen britisch-indischen Beamten die sogenannten home charges, etwa 17 Mill. £ [3]) zu zahlen.

Volkswirtschaftlich wird dieser Betrag natürlich durch den indischen Ausfuhrüberschuß gedeckt, finanztechnisch kann die Abdeckung auf den zwei Wegen geschehen, die jeder Privatwirtschaft zur Verfügung stehen; die indische Regierung kann remittieren, d. h. den dortigen Exporteuren oder den dahinter stehenden Banken ihre Londoner Überschüsse abkaufen und dem Indian Council in London überweisen lassen, oder sie kann von London aus auf die indischen Staatskassen trassieren und diese Abgaben in London verkaufen. Gewählt wird der letzte Weg.

Der Indian Council in London läßt [4]) durch die Bank von England regelmäßig im offenen Geldmarkt auf Rupien lautende Wechsel, sogenannte council drafts, oder Kabelüberweisungen auf die Schatzämter in Kalkutta, Bombay oder Madras, je nachdem welcher Zahlungsort verlangt wird, verkaufen. Früher stellte die Bank von England die Council drafts nur jeden Mittwoch zum Verkauf; es ist

---

1) Über die Bedeutung der Maßregel siehe auch Volkswirtschaftliche Chronik 1910 S. 200.

2) Nach Schilling, London als Anleihemarkt der englischen Kolonien (Münchener Volksw. Studien 110/1911), belief sich Indiens Anleiheschuld 1908 auf rund 250 Mill. £.

3) Nach dem deutschen Handelsarchiv betragen die home charges 25,75 Mill. £ jährlich.

4) Nach Swoboda, Arbitrage.

jedoch üblich geworden, daß sie sie auch Donnerstags mit einem geringen Aufschlag gegen den Preis vom Tage vorher abgibt. Die Bank macht jeweils im Geldmarktbericht der Zeitungen bekannt, wie der Mindestpreis ist, welche Beträge zum Verkauf kommen und wieviel verkauft wurde. (Siehe auch den Kurszettel von Kalkutta). An den übrigen Tagen finden ebenfalls Verkäufe, sogenannte Extra-Allotements statt, aber nur, wenn der gebotene Kurs genehm ist [1]).

Es ist klar, daß ein solcher großer Verkäufer auch eine entsprechend bedeutsame Rolle am englisch-indischen Devisenmarkt spielt, aber diese Rolle unterscheidet sich nicht grundsätzlich von den Verhältnissen, die bei einem privaten Händler obwalten würden; auch wird per Saldo der Rhythmus des indischen Wechselkurses nicht gestört, da der Forderungsbestand hüben und drüben gegeben ist, gleichviel in welchen Händen er sich befindet. Nur der Umstand, daß der Inhaber so großer indischer Forderungen eine staatliche Verwaltung und nicht eine ausschließlich von dem „Gewinnstreben" beherrschte Privatwirtschaft ist, bedeutet einen Unterschied. Der Indian Council ist durch größere Öffentlichkeit, Regelmäßigkeit der fälligen Zahlungen und nicht zuletzt durch die mehr oder weniger schematische Handhabung nicht so frei in seinen Abgaben, wie dies eine Bank sein würde, die im Besitz so großer Posten den Kurs nach Gutdünken in gewissem Umfange werfen oder steigern, etwa aus Anlaß eines höheren indischen Zinssatzes zeitweise nicht am Markt sein könnte. Am meisten fällt hier die größere Öffentlichkeit der Abgaben ins Gewicht; der ganze Jahresbedarf ist im voraus durch das Budget festgelegt, man weiß, wieviel bereits verkauft ist, wieviel noch im ganzen und wieviel noch zum nächsten Termin zum Verkauf kommt. Bei der Beurteilung der preisbildenden Wirkung der Council drafts sind daher zwei Momente zu beachten, der hohe Betrag — es handelt sich bei 17 Mill. £ um rund 8 % des gesamten indischen Außenhandels [2]) oder um rund die Hälfte des seit Havenstein verdoppelten Devisen-Umsatzes der Reichsbank — und die vorherige Abschätzungsmöglichkeit.

1) Die Frankfurter Zeitung berichtet regelmäßig über die Allotements von Council Bills.

2) Singer schätzt den Betrag der Council Bills sogar auf 1/4 aller angebotenen indischen Wechsel.

Die allgemeine Wirkung der Council drafts auf den Wechselkurs ist gegen Indien und seine währungspolitischen Interessen. Im übrigen bilden der Verkauf der Regierungstratten in London und der eigentliche Devisenhandel in Indien einen einheitlichen Markt.

Der Erfahrungssatz, daß sonst Remittieren günstiger ist als Trassieren, legt die Frage nahe, ob nicht auch die indische Regierung besser fahren würde, wenn sie in Indien als Käufer für Tratten oder Kabelüberweisungen aufträte. Der Satz selbst, der nur für bereits festgesetzte Kurse und nicht für Arbitragen während der Börsenpreisbildung Gültigkeit hat, läßt sich hier wegen der vorherigen Limitierung nicht anwenden. Für den Modus des Trassierens spricht äußerlich gesehen, die Eigenschaft Londons als der große Geldmarkt, „an dem ohne Schwierigkeit jede Summe untergebracht werden kann". Aus dem nachfolgenden Schema ergibt sich, daß bei Remittierung weder darin noch in der Größe, Organisation oder Finanzierung des indischen Geldmarktes eine Änderung eintreten müßte.

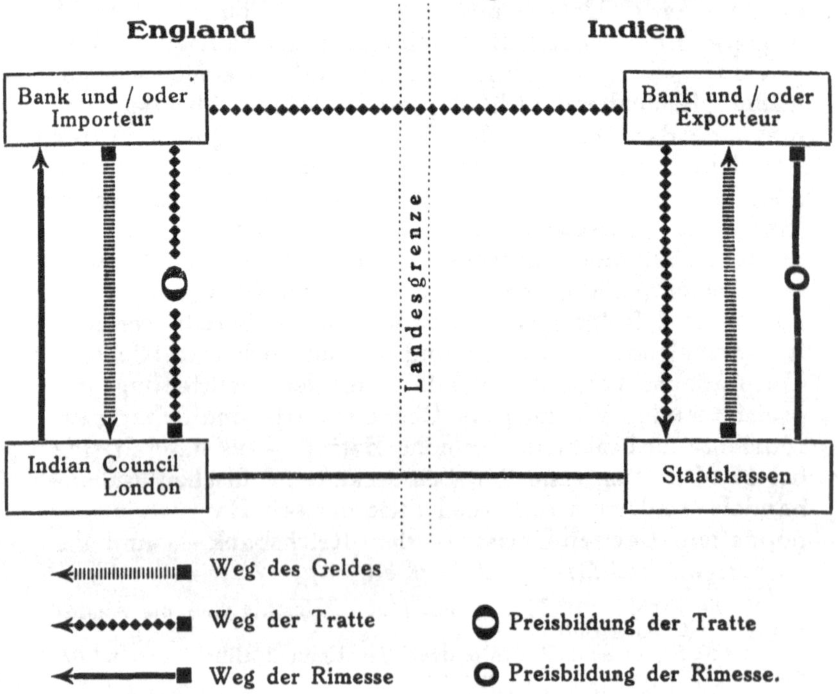

Formular 1.

PIGOTT, CHAPMAN & CO.'S EXCHANG

		F. 15TH SEPT. 1911	S. 16TH SEPT.	
		s. d.	s. d.	
On London.	Bank Bills, 4 M/S ...	1·4 1/8	1·4 1/8	
	„ 3 „ ...	1.4 3/32	1·4 3/32	
	„ Demand ...	1·4 1/16	1·4 1/16	
	„ Ready Wire ...	1·4 1/32	1·4 1/32	
	„ Forward „ ...	1·4 1/16	1·4 1/16	
	Credits & D/Acceptance 6 M/S ...	1·4 7/16	1·4 7/16	
	„ 4 „ ...	1·4 11/32	1·4 11/32	
	„ 3 „ ...	1·4 9/32	1·4 9/32	
	„ 6 M/S 1 M/Forw. ...	1·4 15/32	1·4 15/32	
	„ 2 „ ...	1·4 15/32	1·4 15/32	
	„ 3 „ ...	1·4 15/32	1·4 15/32	
Documents for Payement	α 1/32nd higher for 3 & 4 M/S ...			
„ „ „	α 1/16th „ „ 6 „			
On France.	Private Bills 6 M/S. D. A. ...	1·72 1/4	1·72 1/4	
	„ 3 „ „ ...	1·71	1·71	
On France.	Bank Bills on Demand ...	1·67	1·67	
On Germany.	Private Bills, 3 M/S D. A.	1·39 1/4	1·39 1/4	
On Germany.	Bank Bills, on Demand ...	1·36	1·36	
On Hongkong.	Private Bills 30 D/S ...	Rs. 132 p 100$	Rs. 132 1/4 p 100$	R
On Shanghai.	„ „ ...	Rs. 175 3/4	Rs 176 1/4	F
Mauritius.	Private Bills 60 D/S ...	2 % Dis.	2 % Dis.	2
Melbourne. / **Natal.**	60 D/S / 3 M/S ...	1·4 11/16	1·4 11/16	1
On Bombay.	Bank Bills T. T.	Par.	Par	P
	„ 60 D/S ...	99	99	9
Govt. Securities.	3 1/2 % ...	Rs 95-8-0	Rs 95-8-0	R
Enfaced Rupee Paper.	3 1/2 % ...	£ 64-0-0	£ 64-0-0	£
Bank of Bengal, Minimum	...	4 %	4 %	
QUOTATIONS FROM LONDON.				
Bank Bills, 30 D/S. on Calcutta	...	1·3 15/16	1·3 15/16	1
Silver, per oz in London.	... ...	24 3/16 d.	24 1/4 d.	2
„ „ „ America	... ...	52 3/8 c.	52 1/2 c.	5
Paris on London	... ...	25·20	25.16	2
New York on London	... ...	4·86	4·86 1/8	4.
Bank of England rate of Discount.	...	3 %	3 %	3
Rate in open Market for 3 M/S.	...	3 1/8 %	3 1/8 %	3
„ „ „ 6	...	3 3/8 %	3 3/8 %	3
Bank of France.	...	3 %	3 %	3
Deutsche Reichs-Bank.		4 %	4 %	4

Council Drafts of 4th September 1911

Bills	Rs.	47,30,000	Tenderers at 1·4 1/32	Received 7%	Average	16·03
T. T.	„	12,70,000	„ „ 1·4 1/16	„ 7%	„	16·07
Total	Rs.	60,00,000				

Extra allotments for week ending 20th September 1911.
Nil.

Council Drafts of 21st September 1911.

Bills				
Calcutta	... ...	Allotted Rs.	45,70,000	Tenderers at 1.4 1/16
Bombay	... ...	„ „	10,80,000	Received 93%
Madras	... ...	„ „	1,60,000	Average 16,06
T. T.	... ...	„ „		
Calcutta	... ...	Allotted Rs.		Tenderers at 1.4 3/32
Bombay	... ...	„ „		Received 93%
Madras	... ...	„ „	1,90,000	Averags 16,09
		Total Rs.	60,00,000	

Extra allotments of 21st September 1911.

Rs. 30,000 O. D, at 1·4 3/32 Calcutta.

Next week Rs. 60 lcs.

GENERA

Wednesday Evening, the 20th September 1911.—The market has been very firm all th
for T.T. which is generally obtainable at 1.4,1/16.
Thursday Morning, the 21st September 1911.—Market opens firm. Bank of Bengal rate

*Of this sum £ 1,333'300 has been placed to the

No. 1. Mission Row, Calcutta.

RT FOR MAIL OF 21ST SEPTEMPER 1911.

T. 19TH SEPT.	W. 20TH SEPK.	TH. 21ST SEPT.
s. d.	s. d.	Opening Rate s. d.
1·4 1/8	1·4 1/8	1·4 1/8
1·4 3/32	1·4 3/32	1·4 3/32
1·4 3/32	1·4 3/32	1·4 3/32
1.4 1/16	1·4 1/16	1·4 1/16
1.4 1/16	1 4 1/16	1 4 1/16
1.4 7/16	1·4 7/16	1·4 15/32
1.4 11/32	1·4 11/32	1·4 3/8
1·4 9/32	1·4 9/32	1·4 5/16
1.4 15/32	1.4 15/32	1·4 15/32
1·4 15/32	1·4 15/32	1.4 15/32
1.4 15/32	1·4 15/32	1·4 15/32
1·72 1/4	1·72 1/4	1·72 1/4
1.71 1/4	1·71 1/4	1·71 1/2
1·67	1·67	1 67
1·39 1/2	1·39 1/2	1·39 1/2
1.36	1·36	1·36
Rs.131 3/4 p 100$	Rs.131 3/4 p 100$	Rs.131 3/4 p 100$
Rs. 175 1/4	Rs. 175 1/4	Rs. 175 1/4
2 % Dis.	2 % Dis.	2 % Dis.
1·4 11/16	1·4 11/16	1·4 23/32
Par.	Par.	Par.
99	99	99
Rs. 95-8-0	Rs. 95-7-0	Rs. 95-7-0
£ 63-17-6	£ 63-17-6	£ 63-17-6
4 %	4 %	4 %
1·3 15/16	1·3 15/16	1.3 15/16
24 3/16 d.	24 3/16 d.	24 1/4 d.
52 3/8 c.	52 3/8 c.	52 1/2
25·18	25·19	25·19 1/2
4·86 1/4	4·86 1/4	4·86 3/8
3 %	3 %	3 %
3 5/16 %	3 1/2 %	3 3/4 %
3 5/8 %	3 3/4 %	3 7/8 %
3 %	3 %	3 %
5 %	5 %	5 %

MEMO shewing the amount of Government Promissory Notes ENFACED for LONDON at Calcutta between the 8th & 14th September 1911.

	3 1/2 per cent.	3 per cent.	TOTAL.
	15,600	... ...	15,600
Add Balance against London as per last published Statement	...	...	12,27,02,833
			12,27,18,433
Deduct amount written off in the London Register	...	...	2,49,600
Grand Total ...			12,24,68,833

at of **Council drafts budgeted** for 1911-1912 ... £ 17,158,300

at of **Council Drafts drawn** from 1st April 1911 to date 11,638,397* = Rs. 18,38,67,500
do. do. same date to 22nd September 1910 £ 10,712,409 = Rs. 16,04,77,200
e to be drawn £ 5,519,903 1·4 3/32 = Rs. 8,23,15,872
do. per week £ 204,440 1·4 3/32 = Rs. 30,48,736

at of **Govt. Demand Drafts drawn by the Comptroller General** upon the Secretary of State. London, from 1st April to 2oth September 1911. } £ Nil.

at of **Govt. Demand Drafts drawn by the Comptroller General** upon the Secretary of State. London, on 21st September 1911. } £ Nil.

S SHIPMENT— of 9th September 1911.

lver to Calcutta	£ 30,000	} @ 1·4 1/16	Silver Rs.	46,31,906
old to do.	£		Gold „	7,47,081
lver to Bombay	£ 280,000			
old to do.	£ 50,000			

Silver shipped from London, from 1st April 1911 to date ... Rs. 3,64,66.117
Gold do. do. do. do. ... „ 4,54,85,784

Silver shipped from London. 1st April up to 22nd September 1910 ... Rs. 3,52,60,611
Gold do. do. do. do. do. ... 4,71,44,929

JMMARY.

ith a fair amount of bills offering both for near and forward. There is not much inquiry

changed at 4%.

f the Currency Reserve for investment in Consols.

Während der Weg der Tratte umgekehrt verläuft wie derjenige der Rimesse, bleibt der Weg der effektiven Zahlung für beide Methoden bestehen, nämlich die indischen Staatskassen zahlen den Betrag an private Unternehmungen in Indien, und in England sind es wiederum private Unternehmungen, die den Betrag an den Indian Council zurückführen. Das für die indischen Staatszahlungen notwendige Kapital muß sich demnach in beiden Fällen in Indien und in London befinden, es ist nicht so, als ob man es dem „großen Geldmarkt" London als einem unergründlichen Reservoir entnähme. Wichtig für die Entscheidung der Frage sind dagegen die Spesen, die in beiden Fällen der indischen Regierung entstehen.

Zur Untersuchung des indischen Wechselkurses sind die Notizen von Kalkutta herangezogen worden; der nachstehend wiedergegebene ausführliche Kurszettel einer dortigen Maklerfirma (Formular 1) zeigt ein anschauliches Bild des indischen Devisenverkehrs.

Als Preisstufen sind üblich $^1/_{32}$ d und $^1/_4$ Pfennig. Die Kurse von Kalkutta und Bombay differieren höchstens um eine Preisstufe, also um $^1/_{32}$ d. Über die Frage, welcher der beiden Plätze der tonangebende sei, wird berichtet: „Obgleich Kalkutta der etwas größere Geldmarkt und meist der tonangebende Platz ist, gibt Bombay bei der Preisbildung doch manchmal den Ausschlag, z. B. im Mai, Juni und Juli, wenn die Exportzeit für Saaten und Weizen ist, da das Exportgeschäft in Kalkutta dann dort kleiner als dasjenige in Bombay ist". Aus den zur Verfügung stehenden t. t. Notizen der Hongkong & Shanghai Banking Corporation für Kalkutta und Bombay ergibt sich, daß die Notierung in Kalkutta im Jahre 1910 sich bei 300 Notierungstagen rund 50 mal änderte. In Bombay änderte sich die Notiz zwar nicht ganz so oft, rund 45 mal, dafür waren aber unter den 50 Änderungen Kalkuttas 28, die 1—4, sogar bis zu 9 Tagen vorher bereits in Bombay eingetreten waren, während es sich bei den anderen Fällen meistens um gleichzeitige Änderungen handelte. Da aber der Unterschied niemals mehr als $^1/_{32}$ d betrug, wird die Untersuchung dadurch nicht beeinträchtigt. Der Devisenumsatz in Kalkutta, der in außergewöhnlichen Fällen ½ Mill. £ pro

Tag und mehr betragen kann, wird im Durchschnitt auf 75000 £ täglich geschätzt; der Anteil an Markwechseln dürfte dabei kaum 1 % ausmachen.

In den Diagrammen 1—4 ist der Verlauf der t. t. Notiz für London und deren Umrechnung in Mark für die Jahre 1907—1910 nach den Veröffentlichungen der Deutsch-Asiatischen Bank dargestellt.[1]) Zu beachten bleibt, daß die Kurse vom Standpunkte Indiens aus wegen der indirekten Notiz umgekehrt zu lesen sind; so wie sie dastehen, sieht ihr Verlauf von England bezw. Deutschland her aus und zwar bei direkter Notierungsweise. Von letzterem Standpunkte sollen der Übersichtlichkeit halber die folgenden Ausführungen gelten.

Das Jahr 1907 eröffnete im ersten Viertel mit einem Kurs von $1/4^{5}/_{32}$—$1/4^{1}/_{8}$, das ist über bezw. auf englischem Goldexportpunkt; von April bis September fiel der Kurs — mit einer Unterbrechung im Mai, Juni — andauernd bis auf $1/3^{31}/_{32}$. Nach einer kurzen Erhöhung Ende September fiel er im November rapide bis auf den unerhörten Satz von $1/3^{23}/_{32}$, d. i. eine Entfernung vom Pari, die das Doppelte der Goldverschiffungskosten von Indien nach England ausmacht. Dieser Satz dauerte nur wenige Tage, Ende November bis Ende Dezember stieg der Kurs wieder auf $1/3^{15}/_{16}$. Wesentlich ruhiger war der Verlauf 1908, indem der Kurs dauernd unter Pari und meistens auf der für England günstigen, für Indien ungünstigen Goldgrenze blieb oder diese überschritt. Im einzelnen war der Verlauf dieser: erstes Vierteljahr hoher Kursstand, von da ab Fallen der Notiz mit geringer Steigerung im April, Tiefpunkt im 3. Quartal, kurze Erhöhung im September, dann abermaliges Fallen und zum Jahresschluß Steigen des Kurses. Auch in den ersten drei Quartalen von 1909 war der Kurs noch unter Pari, also für England günstig, für Indien ungünstig, wenn auch nicht mehr so stark wie 1908; im letzten Quartal steigt die Notiz schnell und bleibt hoch bis zum Jahresende. Die Einzelbewegungen erscheinen gegen die Vorjahre etwas verschoben, vorhanden ist die

1) Bei allen Diagrammen ist zu beachten, daß es sich um tägliche Notierung handelt; infolgedessen sind die Diagramme der asiatischen Kurse doppelt so breit wie die früher erwähnten Frankenkurs-Diagramme, die nur 3 Notizen pro Woche enthalten.

Steigerung im Mai—Juni, der Tiefstand im 3. Quartal, die Steigerung im September—Oktober und zum Jahresende. Die scharfe Spitze im Oktober, die einen Kurs von $1/4^{5}/_{16}$ und ℳ $1{,}38^{3}/_{4}$ darstellt,beruht wohl auf einer irrtümlichen Veröffentlichung, die richtigen Kurse waren an dem Tage in Kalkutta $1/4^{1}/_{16}$ und ℳ $1{,}36^{1}/_{2}$. Das Jahr 1910 endlich zeigt im Durchschnitt wieder einen Verlauf über Pari und für Indien günstig, so daß die im Herbst 1907 beginnende Baisse, bezw. für Indien Hausse, 1910 ihr Ende erreicht. Das Jahr 1910 kann hinsichtlich der absoluten Kurshöhe als normal angesehen werden, es entspricht etwa der Kurshöhe 1905 und 1906. An einzelnen Zügen ergeben sich: Hoher Stand im ersten Viertel, Abschwächung April, Mai, Ansteigen im Juni, relativer Tiefstand im Juli, August, Steigerung im Herbst. Die in den anderen Jahren sich zeigende Aufwärtsbewegung zum Jahresende tritt nicht so scharf hervor.

Die tatsächlichen Schwankungsgrenzen der 4 Jahre sind:

	höchster Kurs sh. d	ℳ	niedrigster Kurs sh. d	ℳ
1907	1/4 5/32	$1{,}38^{1}/_{4}$ ./.	1/3 23/32	$1{,}34^{1}/_{4}$
1908	1/3 31/32	$1{,}36^{1}/_{4}$	1/3 27/32	$1{,}34^{1}/_{2}$
1909	1/4 1/8	$1{,}37^{1}/_{2}$	1/3 27/32	$1{,}34^{3}/_{4}$
1910	1/4 3/16 ./.	$1{,}37^{1}/_{2}$	1/3 29/32	$1{,}35^{3}/_{4}$

Diese Kurse wiederholten sich mehrfach mit Ausnahme der mit dem Zeichen ./. versehenen. Die Jahresdurchschnitte der Kurse stellten sich ungefähr auf:

1907	1908	1909	1910
$1/4^{1}/_{32}$	$1/3^{7}/_{8}$	$1/3^{31}/_{32}$	$1/4^{1}/_{32}$

Über die Wirtschaftslage Indiens in den untersuchten Jahren sei nach den Konsularberichten des Deutschen Handels-Archivs 1907—1911 folgendes erwähnt:

Noch 1906 war die allgemeine Lage günstig; Geld stellte sich sehr teuer, im Jahresdurchschnitt auf 7,8 %, im Dezember 1906 sogar auf 9 %. Mit 1907 trat ein Umschwung ein. Zwar erreichte der Außenhandel noch eine Rekordziffer, aber dennoch lag das Geschäft sehr ungünstig. Der schlechte Ausfall der Regenzeit in Nord- und Zentralindien ließ große Mengen Waren, die in Erwartung eines guten Monsums bezogen worden waren, unverkauft, und in der eingeborenen Händlerschaft kam es zu zahlreichen Zahlungseinstellungen. Auch für die Ausfuhr trat im Herbst ein starker Rückgang ein. Die schlechten Ernten hatten in weiten Teilen Indiens eine Hungersnot hervorgerufen, und zudem wirkte der plötzliche Rückschlag auf dem Weltmarkt ungünstig ein. Bemerkenswert ist eine starke Geldnachfrage gegen Jahresende bis Februar 1908, die sich bei der Finanzierung der Baumwollernte ergab.

Die Ereignisse von 1907 kamen erst 1908 durchdringend zum Ausdruck. Die etwas bessere Ernte konnte den Ausfall des Vorjahres nicht ausgleichen, während gleichzeitig die europäische Nachfrage für wichtige indische Produkte unzureichend blieb. Auf die Einfuhr drückten die noch aus 1907 vorhandenen und zu hohen Preisen hereingenommenen großen Vorräte. Nebenumstände verschärften die Lage. So herrschte eine nach dem Glauben der Hindus besonders ungünstige Konstellation der Gestirne, es unterbleiben daher sämtliche Hochzeiten, die einzige Gelegenheit, bei denen der sonst genügsame und sparsame Hindu sich zu größeren Ausgaben versteht. Gegen Jahresende wurde der Handel eine Zeit lang lahm gelegt durch einen Streit zwischen Importeuren und einheimischen Händlern über die Abfassung und die Bedingungen der Indents. Endlich machte sich die Agitation zu Gunsten heimischer Fabrikate, die sogenannte Swadeshi-Bewegung, störend bemerkbar.

Bezeichnend für die allgemeine Lage in 1908 sind die folgenden Ausführungen des deutschen Handelssachverständigen in Bombay: „Die indische Regierung konnte 1908/09 (April-März) nicht in der üblichen Weise mit Council drafts regulieren, da die Ausfuhr beträchtlich zurückgegangen war. Hätte der Staatssekretär von Indien in London den Versuch gemacht, seine ganzen Forderungen auf Indien von London aus zu trassieren, so würde der Wechselkurs sofort beträchtlich heruntergegangen sein. Um das zu verhüten, wurde trotz heftiger Einsprüche der Banken und Handeltreibenden Gold aus Indien seitens der Regierung remittiert. Der hierdurch dem indischen Handel entzogene Betrag belief sich auf 3 607 000 Rp. Die Goldausfuhr hätte vermieden werden können, wenn den Wünschen der indischen Interessenten Rechnung getragen worden wäre, ein Teil der indischen Goldreserve statt in London in Gold in Indien selbst zu halten." Wie das Diagramm ausweist, hielt sich der Kurs trotz dieser Maßregel den größten Teil des Jahres auf und sogar unter (indirekte Notiz!) dem indischen Goldexportpunkt, sodaß die Einsprüche gegen die indische Regierung als nicht durchschlagend angesehen werden können. Ohne diese Maßregel wären die Kurse noch ungünstiger und der Goldexport für jedermann rentabel gewesen, während so die Regierung den Goldabfluß begrenzen konnte. Der Forderung, die Goldreserve teilweise in Indien zu halten, ist in diesem Zusammenhang ebenfalls zu widersprechen, denn dann hätte der größere indische Goldvorrat bei Unterbleiben der Regierungsrimesse lediglich einen absolut größeren Goldabfluß ermöglicht. Die relative Bedeutung des Goldexports wäre dabei vielleicht geringer gewesen.

Das Jahr 1909 war für Indien günstiger; die besonders reiche Ernte konnte im Ausland zu wesentlich gestiegenen Preisen untergebracht werden, sodaß die Ausfuhr Rekordziffern ergab. Die Einfuhr blieb jedoch noch hinter 1908 zurück, ohne daß besondere Gründe hierfür festgestellt werden konnten.

Auch in diesem Jahr griff die indische Regierung in die Wechselkursgestaltung ein, indem sie in der Zeit vom 2.—9. September, als der Kurs den Goldexportpunkt erreichte, bezw. überschritt, auf dem indischen Markt als Verkäufer für Sterling-Tratten (im ganzen 156 000 £), also ihrer sonstigen Zahlungsrichtung entgegengesetzt, auftrat [1]. Da erfahrungsgemäß — sogar im Jahre 1907 — der Wechselkurs im letzten Jahresviertel sich stets für Indien günstiger stellt, konnte sich der Staatssekretär später wieder eindecken. Daß diese Operation einer Goldverschiffung vorzuziehen ist, ist selbstverständlich.

Aus dem Wirtschaftsbericht 1910 ist Nachstehendes zu erwähnen:

Die Witterungsverhältnisse waren im allgemeinen günstig, Regen fiel reichlich und regelmäßig über den ganzen Kontinent, sodaß die Ernten wiederum ausgiebig ausfielen. Als natürliche Folge der vorzüglichen landwirtschaftlichen Lage nahm der Ausfuhr- wie der Einfuhrhandel einen weiteren Aufschwung; die Plazierungsmöglichkeiten waren ebenfalls günstig und somit konnte die ersehnte Besserung endlich eintreten.

Die Ziffern des indischen Außenhandels sind für 1907 bis 1910 folgende:

Indiens Außenhandel zur See in Mill. Rp.

Einfuhr nach Indien	1907	1908	1909	1910
Gesamteinfuhr	1618	1788	1515	1602
davon aus				
England	1105	1166	1000	999

1) Nach Angaben eines von der Firma Page u. Gwyther, Discount u. Exchange Brokers, Gracechurch Street 17, London E. C., veröffentlichten Diagramms über Indian Council Bills; ein Exemplar des Diagramms befindet sich im Archiv der Cölner Hochschulen.

Deutschland	58	52	49	42
Australien	83	90	35	46
davon				
Silber für Private	87	121	142	124
„ „ die Regierung	173	94	1	0,8
Gold für Private	185	207	84	250
„ „ die Regierung	0,6	0,2	0,0	0,1
Ausfuhr aus Indien im ganzen	1827	1829	1595	1943
davon nach				
England	510	491	405	527
Deutschland	198	203	156	179
Ver. St. von Nord-Amerika	158	136	132	143
China mit Hongkong [1])	191	155	192	194
davon				
Silber für Private	20	21	23	30
„ „ die Regierung	0,0	0,0	0,0	0,0
Gold [2]) für Private	37	34	37	33
Gold für die Regierung	—	—	3,6	0,0

Die Einfuhr Indiens verhielt sich in den untersuchten Jahren zur Ausfuhr:

	1907	1908	1909	1910
wie 100 zu	113	102	107	121

Vergleicht man damit die Jahresdurchschnittskurse von S. 51, so wird eine gewisse Übereinstimmung zwischen Kursniveau und allgemeiner Wirtschafts- bezw. Außenhandelslage, die sich bereits aus den angeführten Berichten ergab, auch zahlenmäßig deutlich.

Von nennenswerten Investierungen europäischen Kapitals ist in den vier Jahren nicht zu berichten.

An Zinssätzen wird in Indien nur die Rate der Bank of Bengal, die als Staatsbank angesehen wird, offiziell notiert, während die in den Zeitungen veröffentlichten Zins-

1) Die Wechselkurse für die Exporte nach China werden nicht in Indien gesichert, sondern in China, ähnlich wie von Europa nach dem Osten durch die Kursklausel in der Tratte.

2) Hierin ist die indische Eigenproduktion von Gold (1908/09 31,5 Mill. Rp.) enthalten, die regelmäßig von den indischen Bergwerken nach London zur Feststellung des wirklichen Goldgehalts gesandt wird; ein gleicher Betrag ist auch bei der Einfuhr zu berücksichtigen. (Deutsches Handelsarchiv, Berichte aus Bombay 1910.)

raten für tägliches Geld und Depositen auf kurze Kündigung meist nur ungefähr den Satz, zu dem Geldgeschäfte abgeschlossen wurden, angeben. Einen Privatsatz im Sinne des Londoner oder Berliner Privatdiskonts kennt man in Indien nicht; bei Wechseldiskontierungen wird der Zins zwischen den Beteiligten von Fall zu Fall festgesetzt, offizielle Notierungen werden darüber nicht veröffentlicht. Immerhin nimmt man drüben an, daß Platzwechsel meist zu 1% unter der Rate der Bank of Bengal gehandelt werden, die sich im Jahresdurchschnitt wie folgt stellte:

Bank of Bengal	1907	1908	1909	1910
Durchschnittlich	6,105%	5,83%	5,243%	5,326%
abzüglich 1%	5,105%	4,83%	4,243%	4,326%
Londoner Marktsatz	4, 53%	2,31%	2, 31%	3, 18%
Kalkutta über London	0,575%	2,52%	1,933%	1,146%
t. t. London/Kalkutta	1/4 1/32	1/3 7/8	1/3 31/32	1/4 1/32

Die Höhe der Zinsspannung Kalkutta-London bewegt sich zwar in einem ganz ähnlichen Rhythmus wie die Jahresdurchschnitte der t. t. Notiz, aber dennoch sind beide Bewegungen als durchaus gegensätzlich anzusehen, da höherer indischer Geldstand indische Forderungen auf London im Werte mindert, während z. B. 1/3 7/8 für 1908 ein hoher Wechselkurs ist. (Sieht man die t. t. Notiz als direkte Notierung Englands auf Indien an, so macht der höhere Zins Indiens indische Wechsel wertvoller, während die t. t. Notiz einen namhaften Preisfall zeigt.) Das Kursniveau im ganzen kann daher nicht von der Zinsspannung bestimmt sein, der ähnliche Rhythmus beruht vielmehr darauf, daß durch die allgemeine Weltkonjunktur der indische Wechselkurs und der englische Marktdiskont beeinflußt wurden, während der indische Banksatz im Jahresdurchschnitt ziemlich unverändert blieb, sodaß die Spannung der beiden letzteren lediglich die Bewegung des englischen Satzes deutlich werden läßt. Einer ähnlichen Täuschung könnte man sich hingeben, wenn man die später folgenden Linien des Londoner Silberpreises mit der Kalkutta t. t. Notierung vergleicht. Hier zeigt sich auf lange Strecken eine so ausgesprochene Parallelität, daß man glauben könnte, Silberpreis und indischer Wechselkurs bedingten einander, Indien sei also noch immer im Banne des Silbers, während auch hier die Weltkonjunktur für beide die Ursache ist.

Wie im einzelnen Wechselkurs und britisch-indische Zinsspannung sich zueinander verhalten, zeigt Diagramm Nr. 1—4, wobei unter Platzdiskont in Kalkutta der um 1% verminderte Satz der Bank von Bengalen zu verstehen ist. Die gestrichelte Linie zeigt an, wieviel Prozent der letztere Satz über (+) oder unter (—) dem Londoner Marktdiskont sich jeweilig befand. Bei dem Verlauf der Kurve sind zwei Bewegungen zu unterscheiden, und zwar die von Änderungen des Londoner und die von Änderungen des indischen Diskonts ausgehenden Bewegungen. Da der indische Satz als Banksatz sich stets nur um ganze Prozente geändert hat, zeigt die Kurve an diesen Stellen ein senkrechtes Fallen oder Steigen um rund 1%, während jedes Schwanken der Kurve um kleinere Beträge von London ausgeht.

Der Verlauf der Zinsdifferenz-Linie zum Wechselkurs bestätigt im wesentlichen das Ergebnis der Jahresdurchschnitte; nur für 1907 könnte man von einem in etwa gleichmäßigen Verlauf für längere Zeit sprechen, während die anderen Jahre im ganzen einen fast gegensätzlichen Verlauf zeigen. Auch der Zusammenhang bei den Linien auf k u r z e Strecken, der sich z. B. bei dem deutsch-französischen Wechselkurs noch sehr deutlich und regelmäßig zeigt, ist hier nur schwach ausgeprägt. Die von London ausgehenden Veränderungen wirken fast gar nicht auf den Kurs — Ausnahme 1907 —, und auch die prozentweisen indischen Zinsänderungen setzen sich vielfach nicht durch. Äußerlich betrachtet erscheint bereits die Schwerfälligkeit der indischen Wechselkursnotiz und des — im Gegensatz zum Londoner — tägliche Schwankungen nicht berücksichtigenden indischen Diskonts einer engeren Anpassung hinderlich zu sein. Das heißt nichts anderes, als daß die Geldmarktverhältnisse in Indien lange nicht so scharf organisiert sind wie in London, daß so feine Wertunterschiede, wie sie in Europa geläufig sind, drüben noch nicht die Regel bilden und daß sich vielmehr die Preisbildung in groben, nur ganz starke Einflüsse berücksichtigenden Bahnen bewegt. Vielleicht liegt darin schon eine Erklärung für die geringe Einwirkung der Zinsdifferenz auf den Wechselkurs [1]. Daß das Jahr 1907 sich in diesem Sinne als Ausnahme darstellt, spricht ebenfalls für die Annahme, denn 1907 stand überall die Gestaltung der Geldverhältnisse weitaus im Vordergrunde. Im übrigen darf man aus der geringen Parallelität von Wechselkurs und Zinsdifferenz folgern, daß für Indien der Außenhandel hauptsächlich den Wechselkurs bestimmt und die Gestaltung der Zinsverhältnisse an Bedeutung zurücktritt. Das paßt zu dem agrarischen Charakter des Landes, zu seiner Handelsorganisation und zu den drüben als üblich angesehenen Schwankungen des Wechselkurses. Man berichtet hierüber: „Die hiesigen Wechselkurse auf Europa zeigen meist periodische Schwankungen; dieselben sind gewöhnlich, d. h. in normalen Jahren, Dezember-Februar, wenn die große Burma-Reisernte und die Baumwollernte in den westlichen Provinzen in vollem Schwunge sind, am höchsten, schwächen sich im März-April, wenn diese Ernten vorüber sind, meist etwas ab, steigen Ende April-Juni wieder, wenn der Export in Saaten und Weizen stattfindet, erreichen im Juli und Anfang August, da dann in fast ganz Indien das Exportgeschäft ruht, ihr niedrigstes Niveau und steigen Mitte August wieder aus Anlaß der Jutesaison."

Da sich diese Schwankungen ebenfalls aus den Diagrammen ablesen lassen, ist man berechtigt, auch für praktisch-geschäftliche Zwecke mit ihnen zu rechnen. Von dem Einfluß der Diskontsätze ist zu behalten, daß vielfach die Diskontänderungen der Bank von Bengalen den Wechselkurs mit sich ziehen, während die Londoner Änderungen in der Regel wirkungslos bleiben, und daß zudem teurer Geldstand in Europa mit starker Geldnachfrage in Indien und umgekehrt auch die Zeiten des leichtesten Geldstandes hüben und drüben zusammen fallen.

---

1) Herr Professor Walb, Cöln, weist mich darauf hin, daß bei diesen Verhältnissen die Anlagemöglichkeiten für ausländisches Kapital besonders zu beachten sind; es fehle hier die Einrichtung der Privatdiskonten.

2. Der Wechselkurs von Singapur.

Die britische Kronkolonie Straits Settlements (Straßensiedlungen), 39 509 qkm groß mit 612 000 chinesisch-malayischen Einwohnern [1]), besteht aus den Gebieten Singapur, Malakka, Penang und Wellesley; als natürliches Hinterland kommen hierzu die ebenfalls unter britischer Herrschaft stehenden Vereinigten Malayenstaaten mit 88 000 qkm und 830 000 Einwohnern. Die Hauptstadt der Straits, Singapur, auf der gleichnamigen, dem südlichsten Ende der Halbinsel Malakka vorgelagerten Insel mit 184 000 Bewohnern verdankt ihre Stellung als erster Markt im malayischen Archipel einer auch für den fremden Handel liberalen Handelspolitik der Regierung, vor allem aber der natürlichen Lage. Etwa gleichweit von Ceylon und Hongkong und von Kalkutta und Australien entfernt, schließt Singapur den Eingang zum chinesischen Meer; ein Kreis mit dem Mittelpunkt Singapur und einem Radius von 1000 englischen Meilen schneidet oder schließt ein: Siam, Borneo, die Philippinen, Cochinchina, die holländischen Besitzungen in Java, Sumatra und den malayischen Archipel. Singapur ist daher zu einem großen Stapelplatz für einen wichtigen Teil des Ostens geworden, nach dem die Erzeugnisse dieser Länder zusammenfließen und von dem aus die europäischen Waren verteilt werden. Vielfach ist dieser Verkehr noch reiner Tauschhandel, der von indischen, arabischen und chinesischen Händlern betrieben wird. So besteht z. B. zwischen Singapur und seinem größten Abnehmer europäischer Manufakturwaren Siam — Siam bezieht rund 70% seines Imports von Singapur und gibt dafür namentlich Reis — fast ausschließlich chinesischer Tauschhandel großen Stils. Der Handel mit Europa, Amerika und Australien wird von Europäern beherrscht, während der Verkehr mit Indien und China in den Händen von Indiern und Chinesen ruht. Allerdings hat die Stellung Singapurs als Umschlagsplatz

---

1) Nach „Zur Handelsorganisation in den Straits-Settlements und den Vereinigten Malayenstaaten", Berichte über Handel und Industrie, Bd. XI, 1908, Heft 9, ebenso Bd. X, 1907, Heft 10, und Heinrich XXXII., Prinz Reuß j. L.: „Die Vereinigten Malayenstaaten", in Schmollers Jahrbuch 1910.

durch den immer größer werdenden direkten Verkehr bereits gelitten, doch bietet sich eine gleichwerte Entschädigung durch die stark fortschreitende wirtschaftliche Erschließung des Hinterlandes, namentlich der Malayen-Staaten.

Die Straits-Settlements hatten ursprünglich wie alle Länder des Ostens eine reine Silberwährung [1]), die in der Weise geregelt war, daß durch Ordre in Council vom 2. 2. 1895 der mexikanische Silberdollar, der britische und der alte Hongkong-Dollar als legal tender erklärt worden waren. Seit dem 22. November 1906 ist das Pfund-Sterling gesetzliches Zahlungsmittel, zu dem das eigentliche Umlaufsmittel, der Straits Settlements Dollar, mit unbeschränkter Zahlkraft in eine feste Relation gebracht wurde, so daß die Regelung ähnlich wie in Indien ist. Da die englische Regierung aus den Erfahrungen in Indien gelernt hatte, so gestaltete sich die Durchführung des Anschlusses der Straits an die Goldwelt wesentlich einfacher; allerdings ist dies auch wohl auf die kleineren Verhältnisse zurückzuführen. Man schuf zunächst eine eigene Münze, den erwähnten Straits Settlements Dollar, der dem britischen Dollar ähnlich ist, und verordnete am 24. August 1904, daß innerhalb 8 Tagen die bisherigen Münzen gegen den neuen Dollar umgetauscht sein müßten und daß danach nur noch der neue Dollar Zahlungskraft besitze. Zwei Jahre später wurde durch eine Ordre in Council (22. 10. 06) der Sovereign zu dem Satze von 7 £ = 60 Straits Dollar = 2/4 per $ als gesetzliches Zahlungsmittel erklärt unter Aufrechterhaltung letzterer Eigenschaft für den Dollar und am 1. August 1907 der Umlauf aller fremden Münzen verboten. Der Straits Dollar ist 800 fein und wiegt 20,28 g; dasselbe gilt für die halben Dollarstücke, während durch Gesetz vom 4. Dezember 1909 der Feingehalt der Scheidemünzen zu 20, 10, 5, 1, $^1/_2$ und $^1/_4$ Cent. auf 600 verringert wurde.

---

1) Über die Währungsgeschichte der Straits siehe ausführlicher Sonndorfer, Währungsreformen in Ostasien und Ostafrika, Zeitschrift für Handelswissenschaft und Handelspraxis, 1910, Heft 10, ferner die genauen Angaben in Statistical abstract of the colonies, 1911, Abschnitt 5, und Die Währung in den Straits-Settlements, Kolonialpolitische Studie von * * * in Schmollers Jahrbuch. 1912, II.

Über die Wirkung der Währungsreform schreibt der Kaiserliche Generalkonsul in Singapur am 25. Juni 1908 (Nachrichten für Handel und Industrie 1908 Nr. 107): „Auch die Festsetzung des Goldwertes der Dollars auf 2 sh. 4 d im Jahre 1906 hat ungünstige Wirkungen nach sich gezogen. Die nächste Folge des hohen Dollarkurses war eine erhebliche Verteuerung der Lebenshaltung und eine Erhöhung der Produktionskosten aller Rohprodukte. Trotz des höheren Goldwertes des Dollars trat keine Reduzierung der Löhne ein; vielmehr konnten die Kulis bei den hohen Zinn- und Kautschukpreisen sogar noch Lohnerhöhungen durchsetzen, während die Weltmarktpreise sich nach der in den Straits festgesetzten hohen Währung richteten. Würde bei den heutigen geringen Preisen (Juni 1908) der Wechselkurs niedrig stehen, so würde die Krisis nicht so schwer auf der Kolonie lasten. Noch in anderer Hinsicht hat sich der hohe Dollarkurs als verderblich erwiesen, indem die Chinesen zu Kursspekulationen auf chinesische Plätze verleitet wurden, die früher nicht in ihrer Sphäre lagen und zu denen lediglich der feste hohe Dollarkurs die Handhabe bot. Vor der Festsetzung des Dollarkurses standen die Notierungen in Singapure mit denen in China ungefähr gleich, so daß Kursspekulationen beinahe ausgeschlossen waren. Wenn gleichwohl Kurstransaktionen schon seit vielen Jahren auf China gemacht wurden, so waren sie lediglich auf Warenbezügen von und nach China basiert, teils dienten sie zur Überweisung der von den zahlreichen in den Vereinigten Malayenstaaten und in Niederländisch-Indien lebenden Kulis gemachten Ersparnisse in die Heimat. Der feste hohe Dollar brachte größere Kursschwankungen zwischen Singapur und China mit sich, die von den Chinesen zu umfangreichen Kursspekulationen benutzt wurden. Als Ende vorigen Jahres (1907) Silber im Preise fiel, wurden ganz enorme Summen aufs Spiel gesetzt. Die Hoffnung auf baldige Erholung der Silberpreise verwirklichte sich nicht, vielmehr fiel das Metall infolge der amerikanischen Krisis und der indischen Hungersnot um fast 25%, so daß Millionen verloren wurden. Dann hatte auch die Regierung vorübergehend, um die durch den niedrigen Silberpreis bedrohte Währung zu stützen, durch Zurückziehung ihrer Überschüsse von den Banken die Geldknappheit vermehrt."

Während die hier geschilderte Wirkung der Reform nur von vorübergehender Dauer ist und sich allmählich ausgleicht oder ausgeglichen hat, brachte die Einführung der Standard Währung den endgültigen wirtschaftlichen Nachteil, daß der Kolonie dadurch der Zahlungsverkehr zwischen Siam, Sumatra und dem holländischen Archipel auf der einen Seite und Europa, praktisch London, auf der Gegenseite verloren gegangen ist. Der Wechselkurs Singapurs auf London ist heute nur noch der Ausdruck für die Zahlungsverpflichtungen der Straits Settlements und der Vereinigten Malayenstaaten im Verkehr mit Europa.

Im übrigen hat sich jedoch die Einführung der neuen Währung glatt vollzogen, und das Ziel, Aufrichtung einer festen Goldparität von 2/4 = 1 $, ist im erstrebten Umfange erreicht worden, wie sich aus den Diagrammen 5—8, die grade mit dem Jahr 1907 beginnen, ergibt: Der Kurs schwankte in den untersuchten Jahren, abgesehen von der Krisis in 1907 und Anfang 1908 nur innerhalb der Goldpunkte; die Herabsetzung des Dollarfeingehalts am 11. Februar 1907 blieb auf den Wechselkurs ohne Einfluß.

Gleichzeitig mit der Einführung der Sterling-Währung wurden die „Currency Commissioners" ermächtigt, Noten zu verausgaben gegen telegraphische Auszahlung von Gold in London zu Gunsten der Kronagenten. Über den Umfang der Notenausgabe überhaupt wie über den Betrag solcher Überweisungen, die in London zinstragend angelegt sind, unterrichten folgende Zahlen:

Notenumlauf Ende Juni 1911	$	35 648 960.—
Deckung bar Gold £ 1285195.9.—	„	11 015 960.97
Deckung Silbercoins (legal tender)	„	11 377 559.98
Deckung Gold Stocks Kaufwert 14,08 Mill. $ Kurswert 30/6.	„	11 955 870.86

Während die Ausgabe von Noten in den Straits gegen Goldüberweisung in London mehr den Sinn hat, die Straits-Noten in den Verkehr zu bringen, sind die Currency Commissioners nach einer Mitteilung des Handelsarchivs 1908 II. Teil auch zur umgekehrten, auf den Schutz der Währung abzielenden Transaktion berechtigt, d. h. sie können, wenn der Wechselkurs sich entsprechend ungünstig gestaltet, Auszahlungen auf London verkaufen, also praktisch Goldzahlung in England gegen Silberwährungsgeld in den Straits. Die Straitsregierung hat im Oktober 1907 von dieser Ermächtigung Gebrauch gemacht. Ein bestimmter Kurs, bei dem die Maßregel eintreten müßte, ist nicht festgesetzt.

Die deutsche Parität des Straits Settlements Dollars läßt sich nur auf dem Wege über den Sovereign gewinnen, und zwar, da 60 $ = 7 £, durch die Rechnung.

$$\frac{7 \cdot ℳ\ 20{,}42946}{60}$$

sodaß 1 $ = ℳ 2,383437 ist. Die Goldverschiffungspunkte zwischen Deutschland und Singapur werden theoretisch bestimmt durch die Versendungskosten zuzüglich Beschaffungs- bezw. Verwertungskosten von Pfund-Sterling, jedoch sind Edelmetalltransaktionen weder mit Deutschland noch mit England verkehrsüblich, „da die Regierung es vorziehe, unter Abzug von $^{3}/_{16}$ d für Verschiffungskosten Gold in London in Empfang zu nehmen". Da $^{3}/_{16}$ d zirka 6,78$^{0}/_{00}$ der Parität ausmacht, so entspricht der Satz ungefähr den Kosten für das etwas weiter liegende Kalkutta mit 7,81$^{0}/_{00}$. Durch diese Gepflogenheit der Regierung, die, wie erwähnt, als Gegenwert Noten hergibt, wird der Goldimportpunkt für die Straits auf 2/4$^{3}/_{16}$ festgelegt. Einen bestimmten Goldexportpunkt kennt man nicht, man wird ihn jedoch ebenfalls $^{3}/_{16}$ d von der Parität entfernt, also bei 2/3$^{13}/_{16}$ suchen dürfen, da die Spesen in der umgekehrten Richtung kaum andere sind. Nach Ausweis des Diagramms hat sich denn auch der Kurs, abgesehen von der Herbstkrisis 1907 und den folgenden Monaten nie unter 2/3$^{13}/_{16}$ bewegt. Nach der neuesten Veröffentlichung über die Straitswährung [1]) soll die Straitsregierung gegebenenfalls Silber zum Satze von 2/3$^{11}/_{16}$ in Singapur aufnehmen gegen Auszahlung von Gold in London. Im Oktober 1907 ist dies tatsächlich geschehen.

1) Die Währung in den Straits-Settlements, Kolonialpolitische Studie von * * *, Schmoller's Jahrbuch, 1912, II.

Die Edelmetallbewegung stellte sich in den Jahren 1907—1910 wie folgt:

Millionen £	1907	1908	1909	1910
Einfuhr Gold in Barren	0,7	0,4	0,5	0,8
„ gemünzt	0,5	0,2	0,4	0,9
Davon aus England	0,4	0,0	0,0	0.1
Einfuhr Silber in Barren	0,0	0,0	0,0	0,0
„ gemünzt	2,0	1,7	0,5	0,4
Davon aus England	1,0	0,6	0,0	0,0
Ausfuhr Gold in Barren	0,3	0,3	0,3	0,2
„ gemünzt	0,2	0,3	0,2	0,2
Davon nach England	0,2	0,3	0,1	0,1
Ausfuhr Silber in Barren	—	—	—	0,0
„ gemünzt	2,2	0,7	1,2	1,6
Davon nach England	1,0	0,0	0,0	0,0

Danach ist namentlich die Ausfuhr von Goldmünzen von geringer Bedeutung, während diejenige von Silbermünzen mit der Währungsreform zusammenhängt.

Von der Organisation des Singapurer Fremdwechselmarkts ist zu sagen, daß sie außerordentlich wenig ausgestaltet ist und daß von den behandelten asiatischen Plätzen das Geschäft in Singapur am meisten privaten Charakter trägt, was namentlich hinsichtlich der Qualität des Wechselmaterials gilt. Die Umsätze in Devisen bauen sich fast ausschließlich auf dem effectiven Bedarf des Warenhandels auf, „Firmen, bei denen man vermutet, daß sie Zinsunterschiede ausnützen wollen, verweigert man in solchen Fällen Rimessen auf Kredit", und regelrechte Wechselarbitragen sind nicht üblich. Die bereits erwähnten Arbitragen der Chinesen mit Hongkong und Schanghai haben seit dem Silbersturz in 1907 fast aufgehört; auch hier beruht heute das Geschäft lediglich auf dem effektiven Bedarf. Dazu paßt die außerordentliche Größe der Preisstufen, die mit $^{1}/_{16}$ d rund $2^{0}/_{00}$ der Parität ausmachen und in keiner Weise als zu groß empfunden werden. Singapur ist eben in erster Linie Warenhandelsplatz, die Gelegenheit zu Kapitalanlagen ist am Orte selbst wie in seinem Hinterlande nur gering, so daß ein eigentlicher Kapitalverkehr größeren Umfanges nicht existiert, und z. B. Kapitalüberweisungen, die 1910 zur Anlage von Kautschukplantagen von London aus erfolgten, den Wechselkurs fast während des ganzen Jahres auf dem Satze von $2/4^1/_8$, also dicht am Goldimportpunkt festhielten. Der Wechselkurs bildet sich hauptsächlich durch die Umsätze in 3 Monatsaccept, der Verkehr in t. t. ist geringer als an den anderen Plätzen. Ein durch Angebot und Nachfrage hervorgerufener direkter Kurs auf Deutschland existiert ebenfalls nicht; er wird vielmehr nur auf Grund einer Croßrate berechnet. Ähnlich ist es mit den anderen europäischen Wechselkursen, sodaß aus der langen Liste des nachstehenden Kurszettels (Form. 2) nur die Londoner Notizen größere Bedeutung beanspruchen können.

An periodischen Erscheinungen des Kursverlaufs ist aus den Diagrammen nicht viel herauszulesen, da von den untersuchten vier Jahren 1907 und 1910 ausscheiden, 1907, weil es das erste Jahr der neuen Währung und das Jahr der Herstkrisis ist, 1910 wegen der erwähnten Störung durch Kapitalinvestierungen. Die einzige drüben bekannte periodische Kursschwankung — Steigen der Notiz (also Billigerwerden) in der ersten Hälfte des zweiten Semesters auf die verschiedenen Ernten hin — läßt sich jedoch auch im Diagramm nachweisen. Außerdem kennt man noch eine Belebung des Importgeschäfts nach dem chinesischen Neujahr, also etwa Februar—März, die in den untersuchten Kursen aber nicht zum Ausdruck kommt. Der Verlauf des allgemeinen Kursniveaus der einzelnen Jahre wird wieder durch die Zeichnung deutlich: Normaler Verlauf bis Herbst 1907, dann scharfer Umschwung, der sich in das Jahr 1908 fortsetzt, letztes Quartal 1908 leichte Besserung, die in 1909 wieder zu günstigen Kursen führte; auch 1910, trotz der Beharrung auf einen Punkt, günstiger Kurs. Die ungefähren Durchschnittskurse waren

im Jahre	1907	1908	1909	1910
für t. t.	2/4	$2/3^{13}/_{16}$	$2/3^{31}/_{32}$	$2/4^1/_8$
„ 3 m/s	$2/4^1/_2$	$2/4^3/_{16}$	$2/4^3/_8$	$2/4^1/_2$

Formular 2.

ADIS & EZEKIEL.
BROKERS.

SINGAPORE.

RATES OF EXCHANGE.

18th August 1911.

Selling Rates.

	Hongkong Bank.	N. T. Society.
London 4 m/s ...	2-4$^{5}/_{16}$	2-4$^{11}/_{32}$
Do. 3 „ ...	2-4$^{9}/_{32}$	
Do. 60 d/s ...	2-4$^{1}/_{4}$	
Do. 30 „ ...	2-4$^{7}/_{32}$	
Do. demand ...	2-4$^{5}/_{32}$	2-4$^{5}/_{32}$
Do. T. T. ...	2-4$^{3}/_{32}$	2-4$^{3}/_{32}$
Lyons demand ...		
Marseilles demand ...	294$^{1}/_{2}$	294$^{1}/_{2}$
Paris demand ...		
Hamburg „ ...	238$^{1}/_{2}$	238$^{1}/_{2}$
New York „ ...	56$^{5}/_{8}$	
Batavia „ ...	140$^{1}/_{2}$	140$^{5}/_{8}$
Sourabaya „ ...		
Samarang „ ...	140$^{1}/_{4}$	140$^{1}/_{2}$
Penang „ ...	$^{1}/_{8}$% pm	$^{1}/_{4}$% pm
Calcutta „ ...	174$^{3}/_{4}$	174$^{3}/_{4}$
Bombay „ ...		
Rangoon „ ...	174$^{1}/_{2}$	174$^{5}/_{8}$
Madras „ ...	174$^{1}/_{2}$	174$^{5}/_{8}$
Colombo „ ...		
Hongkong „ ...	22$^{7}/_{8}$% dis	
Saigon „ ...	22$^{7}/_{8}$% „	
Manila „ ...	115	115
Bangkok „ ...	64$^{7}/_{8}$	65
Shanghai „ ...	98$^{1}/_{4}$	
Yokohama „ ...	114$^{3}/_{4}$	114$^{3}/_{4}$
Melbourne „ ...	2-4$^{3}/_{32}$	2-4$^{3}/_{32}$
Sydney „ ...		
Amoy „ ...	23$^{1}/_{8}$% dis	
Bar Silver in London.	24	24

Die Kursgrenzen stellten sich wie folgt:

Kurs für t. t.	höchster	niedrigster
1907	$2/4\frac{3}{16}$	$2/3\frac{5}{8}$
1908	$2/3\frac{15}{16}$	$2/3\frac{5}{8}$
1909	$2/4\frac{1}{8}$	$2/3\frac{13}{16}$
1910	$2/4\frac{1}{8}$	$2/4\frac{1}{16}$

Die in 1909 und 1910 vorkommenden extremen Kurse sind Veröffentlichungsfehler. Hingewiesen sei noch darauf, daß die den asiatischen Wechselkursen allgemein anhaftende Stetigkeit bei Singapur besonders stark hervortritt.

Die Außenhandelsziffern [1]) der Kolonie sind diese:

Einfuhr Mill.	1907	1908	1909	1910
Insgesamt	40,9	36,9	36,6	42,5
Davon aus England	5,8	4,4	3,9	4,6
Britisch-Indien	4,9	4,0	4,0	6,5
Ver. Malayen-Staaten	8,7	8,2	7,8	8,3
Deutschland	0,7	0,6	0,5	0,6
Ausfuhr insgesamt	35,6	31,9	32,8	37,8
davon nach				
England	8,8	7,6	7,5	10,2
Britisch-Indien	2,1	1,9	2,0	1,9
Verein. Malayen-Staaten	4,9	5,0	4,7	5,0
Deutschland	0,8	0,7	1,0	1,6
Einfuhr z. Ausfuhr wie 100 zu	87	86	89	89

Die allgemeine Wirtschaftslage in den Straits Settlements gestaltete sich nach den deutschen Konsulatsberichten wie folgt:

Das Jahr 1907 nahm für die Straits-Settlements und ihr Hinterland, die Vereinigten Malayenstaaten, einen ungünstigen Abschluß, wenngleich die Außenhandelsstatistik höhere Ziffern aufwies. Es begann mit einem überfüllten Markt in Einfuhrwaren. Hierzu kamen schädigende Wirkungen der Währungsreform, die im letzten Quartal durch den unheilvollen Ausgang wilder Spekulationen in Kursverträgen auf China und in Zinn [2]) auf Europa äußerst verschärft wurden. Die Folge war die Zahlungseinstellung von über 30 Firmen und ein

1) Die amtliche Statistik ist nicht zuverlässig, da die Waren nicht nach Herkunft aufgenommen werden, sondern dem Lande des Platzes zugezählt werden, wo sie zum ersten Mal ein- bezw. ausgeladen werden. Handelsarchiv 1910, II.

2) Die Straitshäfen liefern über 60% des Weltzinnkonsums; Zinn fiel damals von £ 197.—.— per ton auf 122.—.— in wenigen Monaten

Losschlagen großer Warenvorräte zu Schleuderpreisen. Der im letzten Quartal einsetzende Preissturz von Zinn und Kautschuk, der ein Überwiegen der Einfuhr über die Ausfuhr herbeiführte, wirkte im Verein mit den hohen Geldsätzen in Europa auf den Wechselkurs. Hierzu kam der niedrige Silberpreis, die Ungewißheit über die Absichten der niederländisch-indischen Regierung mit Bezug auf die in Sumatra in großen Beträgen in Umlauf befindlichen Straits-Dollars und schließlich die in Singapur selbst infolge der Auszahlung des Kaufpreises für eine große Dockanlage in Umlauf gesetzten Geldbeträge.

Im Oktober 1907 sah sich die Regierung veranlaßt, helfend einzuspringen, indem sie telegraphische Überweisungen auf London zu 2/3$^{3}/_{4}$ ausgab, die später auf 2/3$^{11}/_{16}$ herabgesetzt wurden; außerdem gab sie Gold gegen Silber her. So kam es, daß gegen Ende des Jahres die Banken 487 000 £ in Überweisungen und 335 000 £ in Gold aufgenommen hatten. Die dadurch herbeigeführte Verminderung des Umlaufs besserte den Kurs gegen Ende des Jahres um ein geringes. Im ganzen ließ der Handel in den Straits im ersten Vierteljahr 1908 gegen den gleichen Zeitraum 1907 um 12,4 Mill. $ nach. Der Singapurer Aktienmarkt zeigte den gleichen Niedergang. Am 27. Juni 1907 war der Durchschnittskurs für die 26 dort notierten Zinn-Minen 12,43 $ pro Aktie, am 25. Juni 1908 6,70 $.

Auch das Jahr 1908 war wirtschaftlich außergewöhnlich ungünstig. Niedrigere Produktenpreise, Verlust von Frachten, verminderte Kaufkraft und große Vorräte von Einfuhrwaren ließen ein Geschäft nicht aufkommen. Erst das Jahr 1909 brachte dann für die Kolonie die Besserung. Der Produktenhandel gestaltete sich bei guten Preisen lebhaft und war nur zeitweise etwas eingeschränkt durch mangelnde Tonnage für „schmutzige Frachten", wie Kopra, Gambir, Jelutong-Öl. Auch die Lage des Einfuhrmarktes war gesund, und die Umsätze in „rough goods", namentlich Bedarf für Kautschukplantagen und in „piece goods" zeigten einen großen Aufschwung. Dazu kam Kapitalzufluß zur Anlage zahlreicher Kautschukplantagen.

Für 1910 liegen Berichte nicht vor; ein Zusammenhang mit dem Wechselkurs wäre daraus auch nicht zu erwarten, da durch die erwähnten Kapitalinvestierungen der Kurs fast das ganze Jahr hindurch auf der gleichen Höhe gehalten wurde.

Im großen und ganzen stimmen diese Berichte mit dem allgemeinen Kursniveau, wie es auf Seite 64 dargestellt wurde, überein, während die Außenhandelsziffern kein deutliches Bild geben.

Wie wenig in Singapur der Kapitalverkehr ausgebildet ist, geht daraus hervor, daß irgendwelche Zinssätze nicht notiert, sondern von Fall zu Fall je nach der Güte des Geldnehmers — nicht nach der Größe des Vorrats — festgesetzt werden. Als allgemein gültigen Satz kennt man nur den „Zinsfuß für tägliche Überziehungen erstklassiger Firmen", für den aber seit Jahren Schwankungen nicht zu verzeichnen waren, der vielmehr in der hier untersuchten Zeit unverändert 5% betragen hat. „Und zwar hielt sich der Satz auf 5%, selbst wenn London höher war, nur wurden keine Transfers gemacht, bei denen eine Zinsgewinn-Absicht vermutet wurde." Das schließt natürlich nicht aus, daß das Verhalten der Banken selbst im Devisenmarkt von der Zinsentwicklung beeinflußt worden ist und der Wechselkurs dennoch durch die Zinsdifferenz bedingt wurde; jedoch zeigen sowohl die Jahresdurchschnitte wie das Diagramm im einzelnen, daß die Geldmarktorganisation zu primitiv ist, um derartig feine Faktoren zu berücksichtigen. Der Jahresdurchschnitt des Londoner Privatdiskonts stand unter 5%

im Jahre	1907	1908	1909	1910
um %	0,47	2,69	2,69	1,82
Durchschnittskurs	t. t. 2/4	$2/3\frac{13}{16}$	$2/3\frac{31}{32}$	$2/4\frac{1}{8}$

Eine kleine Diskontdifferenz fällt also mit einer großen Kurszahl und eine große Differenz mit einer kleinen Kurszahl zusammen, während es umgekehrt sein müßte, wenn der Zinsfußgestaltung ein Einfluß zukäme. Von dem Rhythmus der beiden Zahlenreihen ist dasselbe zu sagen wie bei Indien; die Gleichartigkeit ist bei beiden Ausdruck der Weltkonjunktur. Die gestrichelte Diskontdifferenz-Linie im Diagramm ist nichts anderes als der umgekehrte Londoner Marktdiskont; 1% in London entspricht +4% im Diagramm, 5% fällt auf + — 0% und 6% in London auf —1%. Ein nennenswerter Zusammenhang zwischen Zins und Wechselkurs findet sich nur im Herbst 1907, wo eben die Diskontverhältnisse kein feiner, sondern der alles beherrschende Faktor waren.

Als Zeit regelmäßigen Geldmangels gilt in Singapur

der Herbst mit seinen verschiedenen Ernten; außerdem sind übergroße Nachfragen nach Zinn, die natürlich jederzeit eintreten können, meistens mit Geldknappheit verbunden.

3. Der Japanische Wechselkurs.

Japan hat seit 1897 Goldwährung [1]), jedoch sind die von der Nippon Ginko (Nationalbank) ausgegebenen Banknoten das eigentliche Zahlungsmittel. Münzeinheit ist der Gold-Yen [2]) à 100 Sen à 10 Rin = 0,75 g Feingold. Geprägt werden Goldstücke zu 20, 10 und 5 Yen, während 1 Yen-Stücke auch nicht in Silber geprägt werden, sodaß auf 5 Yen als nächst kleinere Münze das silberne 50 Sen-Stück folgt. Eine genaue Wiedergabe des japanischen Münzgesetzes unter Berücksichtigung der Änderungen von 1906 und 1907 findet sich im Deutschen Handelsarchiv 1909, I, Seite 752.

Als Paritäten ergeben sich aus dem Goldgehalt folgende:

1 Yen = 2,0925 *M*
1 „ = 2 sh 0,58 d.

Als Preisstufen sind bei der Devisennotierung $^1/_4$ Pfg. und $^1/_{16}$ penny üblich, das ist 1,2 bezw. 2,5$^0/_{00}$ der Parität. Als Goldpunkt gegenüber England gelten die Kurse 2/0$^5/_{16}$ für Exporte und 2/0$^{11}/_{16}$ für Importe, doch handelt es sich dabei lediglich um theoretische Angaben, da Goldverschiffungen fast stets nur im Verkehr mit den näherliegenden Vereinigten Staaten von Nord-Amerika stattfinden. Die Spesen eines — in keiner Weise üblichen — Goldexports von Yokohama nach Berlin schätzt man auf ca. $^1/_2{}^0/_0$, während in umgekehrter Richtung überhaupt keine Angaben zu machen sind.

Die japanische Regierung sucht durch die teilweise zu diesem Zwecke gegründete Yokohama Speziebank regelmäßig den Wechselkurs, namentlich aber die Goldbewegung

---

1) Sonndorfer, Die Währungsreformen in Ostasien und Ostafrika, Zeitschrift für Handelswissenschaft und Handelspraxis 1910, Heft 10.

2) Yen = runde Scheibe, vergl. Kussàka, Das japanische Geldwesen, Berlin 1890.

zu regulieren. Nach dem zwar nicht objektiven, aber als staatliche Propagandaleistung hervorragenden „Finanziellen und wirtschaftlichen Jahrbuch von Japan" [1]) verfolgt die Speziebank als Hauptzweck die Förderung des auswärtigen Handels. Sie gilt als Regierungsorgan, ihre Form ist die einer Aktiengesellschaft mit einem Kapital von 24 Mill. Yen (50,2 Mill. ℳ). Von der Regierung wird sie namentlich dadurch begünstigt, daß ihr die Bank von Japan (Nippon Ginko) auf Verlangen ausländische Wechsel bis zum Betrage von 20 Mill. Yen (41,8 Mill. ℳ) gegen eine Zinsrate von 2% rediskontieren muß. Der Betrieb der Bank umfaßt folgende Geschäfte: Ausländischer Wechselverkehr, heimischer Wechselverkehr, Vorschüsse, Inkasso, Depositen, Geldwechselgeschäfte, An- und Verkauf von Staatspapieren, Edelmetallen und Sorten. „Auch kann sie mit Angelegenheiten, die sich auf ausländische Anleihen beziehen, und mit der Verwaltung öffentlicher Gelder im internationalen Verkehr betraut werden." Diese letztere Aufgabe, „mit der sie betraut werden kann", in Verbindung mit dem Auslandswechselgeschäft geben der Bank die Mittel an die Hand, auf die Wechselkurse des Landes regulierend einzuwirken.

Einzelheiten über diese Tätigkeit der Yokohama Speziebank ergeben sich aus folgendem Bericht [2]) des Kaiserl. deutschen Generalkonsulats in Yokohama für das Jahr 1907: „Als die hohen europäischen Kabeltransferskurse auf New-York die Gefährdung der europäischen Goldbestände anzeigten und die Rate der Bank von England in der Zeit vom 30. Oktober bis zum 7. November dreimal, zuletzt auf 7% erhöht wurde, waren an sich auch für Japan die Bedingungen für einen starken Goldabfluß nach Amerika gegeben, wie er hier schon einmal, kurz vor dem Beginn und in der ersten Zeit des Krieges mit Rußland, vorgekommen war. Die fremden Banken, die sich auf die Seidensaison eingerichtet und dafür Kurskontrakte geschlossen hatten, sahen sich durch das plötzliche Stocken des Seidengeschäftes in die Lage gebracht, für die in Europa dringend ver-

---

1) Das Buch erscheint in den wichtigeren Kultursprachen und wird von der japanischen Regierung in großem Umfange verbreitet.

2) Deutsches Handels-Archiv, 1909, II. Teil, Seite 853.

langte Deckung in anderer Weise als durch Seidenverschiffungen zu sorgen, und da in der ersten Zeit der Krisis in Amerika dort ein Agio auf Gold bezahlt wurde, so boten sich den Banken als bestes Mittel Goldverschiffungen nach den Vereinigten Staaten von Nordamerika. Tatsächlich machten die fremden Banken auch Anstalten dazu, wirklich verschifft aber wurde nur sehr wenig, und zwar deshalb, weil die Yokohama Speziebank den fremden Banken zu Vorzugsraten Kabeltransfers auf London verkaufte. Damit entfiel das Motiv zu Goldverschiffungen aus Japan nach Amerika. Wohl wurde dadurch das japanische Guthaben in London bedeutend geschwächt, indessen wurde dieser Abgang reichlich dadurch aufgewogen, daß Rußland am 23. November, zu sehr gelegener Zeit für Japan, in London mit 4,8 Mill. Livre Sterling die Entschädigung für den Unterhalt der russischen Kriegsgefangenen zahlte."

Daß auch sonst die japanische Regierung Anteil an der Gestaltung der Wechselkurse nimmt, zeigt die von dem japanischen Finanzminister aufgestellte „Zahlungsbilanz" Japans für das Jahr 1906 [1]), die die nicht durch den Warenhandel entstehenden internationalen Schuldverhältnisse Japans zu erfassen sucht und als Aktiva und Passiva zahlenmäßig einander gegenüberstellt. Zweifelhaft in ihrer Bedeutung sind bei dieser Aufstellung die Posten, die sich auf Kapitalinvestierungen beziehen, während die Bilanz selbst wegen des der japanischen Regierung zur Verfügung stehenden Apparats als Versuch beachtenswert ist. Praktische Ergebnisse sind natürlich aus solchen Aufstellungen nicht zu gewinnen, der Versuch ist denn auch nicht wiederholt worden.

Die Wechselpreisbildung vollzieht sich in Yokohama; eine Börse oder sonst eine offizielle Einrichtung besteht auch hier nicht. Die Art des Verkehrs ergibt sich aus dem beifolgenden Kurszettel (Form. 3) [2]).

---

1) Siehe Deutsches Handelsarchiv, 1909, II, S. 849.

2) Ein Kurszettel der Firma Bennett, Daniel u. Co., Yokohama, notiert am selben Tage außerdem: Switzerland private 4 m/s 261½, Australia private 30 d/s 2/1.

Engert, de Cuers & Brady.

DAILY QUOTATIONS.

	BANK PAPER.	PRIVATE PAPER	
London.—T. T.	$2/\text{-}^3/_8$	$2/\text{-}^1/_2$	
On demand	$2/\text{-}^3/_8\text{-}^7/_{16}$	$2/\text{-}^9/_{16}$	Crs.
30 d/s.	$2/\text{-}^7/_{16}$	$2/\text{-}^5/_8$	"
60 d/s.	$2/\text{-}^1/_2$	$2/\text{-}^5/_8$	"
90 d/s.	$2/\text{-}^9/_{16}$	$2/\text{-}^{11}/_{16}$	"
4 m/s.	$2/\text{-}^9/_{16}$	$2/\text{-}^3/_4$	"
6 m/s.	...	$2/\text{-}^{15}/_{16}$	"
France.—T. T.	2.56	...	
On demand	$2.56^1/_2$	2.58	
4 m/s.	...	2.61	
	...	...	
Germany.—T. T.	2.07	...	
On demand	$2.07^1/_2$	$2.09^1/_2$	
4 m/s.	...	2.12	
America.—T. T.	$49^3/_8$	...	
On demand	$49^1/_2$	50	
4 m/s.	...	51	
India.—T. T.	1.52	...	
30 d/s.	...	$1.54\text{-}1.54^1/_4$	
Hongkong.— On demand	89	...	
10 d/s.	...	87	
Shanghai.—On demand	$84^1/_4$	...	
10 d/s.	...	$86^1/_4$	

Silver in London . . . . July 1—$24^3/_8$; July 3—$24^5/_{16}$
London on Yokohama, 60 days 2/-
Paris on London 25.29
Berlin on London 20.44
New York on London . . . . $4.86^1/_2$
Bank of England :—Rate of discount . . . . . . 3 per cent.
Bank of France :—Rate of discount . . . . . . 3 per cent.
Bank of Germany :—Rate of discount . . . . . 4 per cent.
Market rate . . London; 3 m. $2^1/_8$% 4 m. $2^3/_8$%—6m. $3^1/_8$%
Market rate . . . . Paris: 2 m. $2^1/_8$%
Market rate . . . . Berlin: 4 m. $3^1/_8$%
Hongkong—T. T. . . . . July 3—$1/9^1/_2$
Shanghai—T. T. . . . . July 3—$2/4^3/_4$
Consols . . . . $79^3/_8$
5 per cent. Japanese Loan . . . . £$104^1/_4$

Nr. 72. **TELEPHONE No. 3377.**

Yokohama, July 4th. 9.30 a.m., 1911.

Aus den Diagrammen Nr. 9—12 ergibt sich als Besonderheit der japanischen t. t. Notiz auf London eine außerordentlich große Stabilität des Kurses, der Monate hindurch, eigentlich sogar — mit Ausnahme 1909 — während der ganzen untersuchten Periode ungefähr auf der gleichen Höhe sich gehalten hat. Der Kurs änderte sich in der Regel jedes Jahr nur wenige mal um höchstens eine Preisstufe und bewegte sich im übrigen in der Nähe des Goldexportpunktes. Man erklärt diese Erscheinung drüben wie folgt: „Der t. t. Kurs richtet sich im allgemeinen nach der Warenbewegung und hält sich, da meist mit größerem Import zu rechnen ist, nahe am Goldexportpunkt. Die Yokohama Speziebank als Regierungsorgan sorgt dafür, daß dieser nicht überschritten wird, um Goldexporte zu verhüten, sodaß sich daraus die Stabilität des Kurses zum Teil erklärt." Da auch die Ziffern der folgenden Zusammenstellung für diese Annahme sprechen, so wird man diese Erklärung als richtig ansehen dürfen, zumal unter solchen Umständen jeder Einfluß der Zinsverhältnisse ausgeschlossen erscheint.

Der Wechselkurs (t. t.) in Yokohama auf London war

im Jahre	1907	1908	1909	1910
höchster Kurs	$2/0^7/_{16}$	$2/0^7/_{16}$	$2/0^5/_8$	$2/0^3/_8$
niedrigster Kurs	$2/0^3/_8$	$2/0^3/_8$	$2/0^3/_8$	$2/0^5/_{16}$
durchschnittlicher Kurs in pence	24,406	24,406	24,513	24,365
Die Parität 2/0,58 = 100 gesetzt, so ergeben diese Durchschnitte	99,283	99,283	99,719	99,117
Die Gesamt-Einfuhr nach Japan verhielt sich zur Ausfuhr wie 100 zu	87	87	105	99
Die Einfuhr von England nach Japan verhielt sich zur Ausfuhr nach England wie 100 zu	19	23	31	27
Saldo der Gold- u. Silber-Einfuhr (+) und Ausfuhr (—) Mill. Yen	—10,5	+13,7	+73,0	—7,5
Wechseldiskont in Japan über d. Londoner Marktdiskont in %	2,08	4,99	4,06	1,99

Mit Ausnahme der Diskontdifferenz stimmen innerhalb der einzelnen Jahre die Ziffern in ihrer Bewegung ungefähr überein; das gilt namentlich für 1909 mit seinen, von den anderen Jahren abweichenden Kursen.

Daß die Diskontdifferenz als der beweglichste Faktor keinen Zusammenhang mit einem fast wagerecht verlaufenden Wechselkurs haben kann, liegt auf der Hand, und selbst im Herbst 1909, wo man aus der größeren Beweglichkeit des Wechselkurses auf Diskonteinflüsse schließen könnte, würde sich die Zinslinie umgekehrt bewegen wie die Kurslinie. Von einer Einfügung der Zinslinien in die Diagramme ist daher abgesehen worden. Im übrigen wird in Japan kein irgendwie gearteter Marktzins notiert, als Basis dienen die Sätze der Bank von Japan, die für die Jahre 1907—1910 hierunter folgen. Ein Privatdiskont, von dem die deutschen Konsulatsberichte 1908 sprechen, besteht nicht.

Raten der Bank von Japan.

1907	Vorschuß gegen Regierungsbonds	Vorschuß gegen andere Bonds	Wechseldiskont	Conto-Überziehung
1/1—3/12	6.57%	6.935%	6.57%	7.665%
4/12—31/12	7.30%	8.03%	7.30%	8.395%
1908				
1/1—31/12	7.30%	8.03%	7.30%	8.395%
1909				
1/1—3/5	7.30%	8.03%	7.30%	8.395%
4/5—12/8	6.57%	7.30%	6.57%	7.655%
13/8—31/12	5.84%	6.57%	5.84%	6.935%
1910				
1/1—10/1	5.84%	6.57%	5.84%	6.935%
11/1—6/5	5.11%	5.84%	5.11%	6.205%
7/5—31/12	4.745%	5.11%	4.745%	5.475%

Die krummen Beträge dieser Sätze sind dadurch zu erklären, daß der Zins nicht in Prozenten, sondern in Sen pro 100 Yen täglich ausgedrückt wird; z. B. entspricht die Ziffer 3,44 als Angabe des Zinsfußes einem Jahreszins von 12,556% (Handelsarchiv Sept. 1908 II).

Die Bewegung der Edelmetalle (roh und gemünzt) für Japan war folgende (Zahlen in Mill. Yen):

	1907	1908	1909	1910
Export aus Japan (Gold u. Silber zusammen)	—18,8	—3,8	—6,6	—25,2
darunter Silber	0,0	0,1	0,1	2,6
Gold nach China u. Hongkong	18,3	3,1	6,4	17,0
dgl. nach Großbritannien	0,0	—	—	6,0
dgl. nach Vereinigte Staaten	0,4	0,4	—	—
Import nach Japan (Gold u. Silber zusammen)	+8,3	+17,5	+79,6	+17,7
darunter Silber	1,3	0,6	0,8	0,2
Gold aus China	1,5	1,9	4,1	0,4
„ „ Korea	5,4	4,9	6,4	10,8
„ „ Großbritannien	—	2,9	—	0,0
„ „ Vereinigte Staaten	—	—	54,1	6,3
„ „ Australien	—	6,8	14,2	—

Die allgemeine Wirtschaftslage Japans in der Zeit von 1907—1910 gestaltete sich nach den Berichten des „Finanziellen und wirtschaftlichen Jahrbuchs von Japan" wie folgt:

„Das Wirtschaftsleben in 1907 stand unter dem Zeichen des Börsen-Rückschlags [1]) auf die Gründerperiode, die nach dem Kriege plötzlich im ganzen Lande eingesetzt hatte. Trotz der auf dem Geldmarkte herrschenden Flauheit konnte die landwirtschaftliche Bevölkerung dank der günstigen Seiden- und Reisernte eine Zunahme ihrer Einkünfte verzeichnen. Der auswärtige Handel machte anfangs Fortschritte, aber mit dem September begannen die Silberpreise zu fallen und Japans Handel mit China erfuhr dadurch einen schweren Schlag. Die Kupferausfuhr geriet wegen sinkender Preise in Stockung und hierzu kam noch die amerikanische Panik, die Japans Seidenausfuhr nach Nordamerika beträchtlich zurückgehen ließ.

Die wirtschaftliche Lage zu Beginn des Jahres 1908 zeigte noch keine merkliche Besserung. Die Preise für Silber und Kupfer hielten ihre gedrückte Tendenz bei und der immer größer werdende Überschuß der Einfuhr ließ die Vorräte an Rohseide, Baumwollgarn, Textilwaren und allen anderen Gütern anwachsen. Namentlich der Handel mit China, der im März-April am schwersten daniederlag, zeigte das ganze Jahr hindurch eine große Flauheit [2]). Auch der Ausfuhrhandel mit den Vereinigten Staaten konnte sich noch nicht erholen.

Das Jahr 1909 brachte einen ungemein flauen Geldmarkt, sodaß

1) Nach einem Bericht des Kaiserl. Konsulats in Kobe (Nachrichten für Handel und Industrie, 1908, Nr. 94) betrugen die Börsenumsätze in Tokio 114,3 Mill. Yen im Jahre 1906, während sie in den vorhergehenden 10 Jahren sich um etwa 20 Mill. Yen bewegt hatten.

2) Das ist zurückzuführen auf den im März 1908 beginnenden Boykott japanischer Waren in China, der das ganze Jahr anhielt. Deutsches Handelsarchiv, 1910, II., Seite 273.

die Banken vielfach keine Verwendung für ihre flüssigen Fonds hatten. Im Gegensatz dazu stand der Außenhandel; die Ausfuhr übertraf die Einfuhr um 18,9 Mill. Yen (M. 39,6 Mill.). Das Anwachsen des Exports beruhte namentlich auf dem Wiedererwachen des Handels mit China und einem lebhaften Absatz von Rohseide. Die Abnahme des Imports hing zusammen mit der Lähmung der inländischen Produktion, zu der dann dank der guten Reisernte eine Verminderung des Reisimports kam.

Die Wirtschaftslage des Jahres 1910 wird dahin gekennzeichnet, daß bei leichtem Geldstande Handel und Industrie sich von der Stockung erholen konnten. Geld war dauernd so stark angeboten, daß die Regierung begann, fünfprozentige Anleihen in vierprozentige zu konvertieren. Der Verkehr auf den Staatsbahnen nahm rapide zu, und in neuen Unternehmungen wurden nicht weniger als 487 Mill. Yen, d. i. über eine Milliarde Mark, angelegt."

Als Resultat der Untersuchung ist festzuhalten die überaus große Stetigkeit des japanischen Wechselkurses, seine für Europa meistens günstige Stellung und seine Abhängigkeit von der Gestaltung des Außenhandels. Letzterer zeigt für die Einfuhr keine periodischen Schwankungen, während die Ausfuhr im Herbst ihren Höhepunkt erreicht, was auch in den Diagrammen durch ein geringes Ansteigen der Linien, also Günstigerwerden für Japan, zum Ausdruck kommt.

4. Der Silberhandel.

Mit Rücksicht auf die im nächsten Abschnitt erfolgende Behandlung der Silber-Wechselkurse Chinas ist es angebracht, zunächst mit einigen Ziffern Aufbau und Bedeutung des Silberhandels darzulegen und kurz auf die Preisbildung des Metalles einzugehen. Auch die hervorragende Stellung, die Indien in diesem Verkehr inne hat, macht eine solche Untersuchung erwünscht.

Es sei ausgegangen von der Welt-Silbergewinnung, die dem Gewichte nach seit Beginn des Jahrhunderts rund das Neunfache der Goldgewinnung jährlich ausmacht. Umfang und Verteilung der Produktion zeigt folgende Tabelle, die nach den Angaben des Statistischen Jahrbuches für das Deutsche Reich und der Metallgesellschaft in Frankfurt a. M. zusammengestellt ist.

Weltsilbergewinnung.

	1901	1902	1903	1904	1905	1906	1907	1908	1909	1910
Gesamt-Gewinnung der Welt in 1000 kg	5464	5783	5647	5503	5625	5650	6113	6603	6570	6774
Produktionszunahme gegenüber 1901 in %	— —	5,8	3,3	0,7	2,9	3,4	11,8	20,8	20,2	23,9
Preisänderung gegenüber 1901 in %	— —	-11,3	-9,0	-3,0	+2,2	+13,2	+11,0	-10,6	-12,7	-8,8
Durchschnittspreis in London in pence, per Standard Unze	$27^3/_{16}$	$24^1/_8$	$24^3/_4$	$26^2/_5$	$27^4/_5$	$30^7/_8$	$30^3/_{16}$	$24^2/_5$	$23^3/_4$	ℳ 73,29[1])
Gesamtwert der Produktion in Mill. Mark	436	362	380	400	434	469	511	457	461	490

Zu diesem neugewonnenen Silber sind die nicht abschätzbaren alten Vorräte hinzuzurechnen, die zum Teil immer wieder in den Verkehr kommen, während umfangreiche, jährlich steigende Mengen in der Industrie endgültig verbraucht werden, und ein gleichfalls beträchtlicher Teil dauernd oder doch für längere Jahre in Indien verschwindet. Außerdem befindet sich in London stets ein großer Stock von Barrensilber.

Es ist nun nicht leicht, einen Überblick darüber zu gewinnen, wo diese Silbermengen bleiben. Einen Anhalt bietet eine Zusammenstellung der Metallgesellschaft in Frankfurt a. M. in ihrem Bericht für das Jahr 1910. Die wichtigste Stellung im Silberhandel nehmen danach ein die Vereinigten Staaten von Nord-Amerika und Mexiko als Erzeugungsländer, England als Land des Zwischenhandels und Indien als Verbrauchsland, während Chinas Verhältnis von Einfuhr zu Ausfuhr wechselt. Diesen Ländern gegenüber ist die Beteiligung der anderen Staaten am Silberhandel von geringer Bedeutung. Im Durchschnitt der Jahre 1904—1908 beträgt allein die Ausfuhr Englands an Silber 15,3 Mill. £; das macht rund $^2/_3$ der Weltproduktion in dieser Zeit aus. Aus Amerika stammten davon 10,7 Mill. £. Auf der anderen Seite ergibt sich die Bedeutung Indiens aus den Ziffern auf Seite 54, aus denen hervorgeht, daß der indische Verbrauch einen wesentlichen Teil der jährlichen Silberproduktion ausmacht.

1) M. per kg fein.

Diesen Verhältnissen entsprechend ist denn auch der Silberhandel organisiert. Der internationale Mittelpunkt, der sichtbare Ausdruck des Welt-Silberhandels, ist London, das überall Silber kauft und verkauft; daneben steht mit Bombay, nach Stern [1]) der bedeutendste Silbermarkt der Welt, und Kalkutta Indien als größter Effektiv-Käufer und Schanghai als Vertreter des chinesischen Silbergeschäfts. Als Repräsentant des wichtigsten Erzeugungsgebietes ist der New-Yorker Silbermarkt anzusehen. Die anderen Plätze, an denen Silber notiert wird, sind von geringerer Bedeutung, so Paris, Amsterdam, Hamburg, Yokohama usw. Hervorzuheben ist, daß Hamburg namentlich die Silbergeschäfte Rußlands in London ausführt. Wie bereits früher erwähnt und wie auch aus den Ziffern hervorgeht, kauft Indien vornehmlich in London; China bezieht sein Barrensilber über San Franzisko, gelegentlich — wenn dessen Parität unter der Londoner ist — auch von Indien, während das Silber, das für chinesische Rechnung effektiv von London herausgesandt wird, vielfach nach Bombay dirigiert wird, also in ähnlicher Weise Station macht wie das englische Gold in Ägypten.

Die Organisation des effektiven Silberhandels ist gleichzeitig Träger eines außerordentlich umfangreichen Termingeschäftes in Silber, nur daß in dieser Beziehung die Bedeutung Londons als Zentrum des Silberverkehrs noch überragender hervortritt. Die Londoner Bullion-Brokers sind die Gegenkontrahenten für die Silberspekulation der ganzen Welt, namentlich aber für die Termingeschäfte Asiens, wo das Silber das wichtigste Spekulationsobjekt darstellt. Zu dieser Rolle gelangt das Silber in Asien aus mehreren Gründen. Einmal hat Silber in weiten Gebieten Asiens Geldqualität, während es im internationalen Verkehr eine Handelsware darstellt, die einen schwankenden Goldpreis besitzt. Für Länder mit Silberwährung, also für China, wird dadurch der Wechselkurs, der für sich genommen und ohne diese Komplizierung bereits ein ergiebiges Objekt für Spekulationen aller Art ist, noch dazu mit den Schwankungen des Silberpreises verbunden. Auf der anderen Seite

1) Rob. Stern, Die Arbitrage, 2. Aufl., Leipzig 1911.

sind diese Schwankungen dauernd groß und das Silber ist als Handelsobjekt so geartet, daß ungefähr alles, was sich irgendwo in der Welt auf wirtschaftlichem oder auch politischem Gebiete ereignet, als Grund für eine zu erwartende Preisveränderung sich ausschlachten läßt. Hierzu kommt, um das Silber zum Spekulationsobjekt par excellence zu machen, die bekannte starke Hinneigung aller Asiaten, namentlich aber der Chinesen, zum Börsenspiel.

Weiter ist zu bedenken, daß in China Silbertermindeckungen in großem Umfange für den Warenhandel zur wirtschaftlichen Notwendigkeit werden, um das Wechselkursrisiko auszuschalten. Wenn beispielsweise ein Importeur in China auf heutiger Preisbasis Waren in Europa bestellt, so kann er sich bis zur Fälligkeit des Betrages leicht einer Kursveränderung von 10% gegenübersehen, die er als vorsichtiger Kaufmann durch ein Gegengeschäft in Silber für sich wirkungslos machen muß. Auch hier verursacht eine persönliche Eigenschaft der Chinesen eine größere Ausdehnung des Silberterminhandels, wie sich aus folgenden typischen Ausführungen im Geschäftsbericht der Hongkong & Shanghai Banking Co. ergibt: „. . . Die Chinesen haben wiederum ihre kaufmännische Tüchtigkeit bewährt, indem sie zum größten Teil bei Bestellung ihrer Waren zugleich den Wechselkurs kontrahierten und sich hierdurch gegen Verluste aus dem Rückgang des Silberpreises gesichert haben." Für China steht somit das Termingeschäft im Vordergrunde, während für Indien seit seiner Währungsreform die effektive Lieferung das Wichtigere ist.

In der deutschen Handelspresse findet der Silberhandel nur geringe Berücksichtigung; man beschränkt sich in der Regel auf die tägliche Mitteilung des Silberpreises von London, New-York und Hamburg, während von andern Plätzen nichts berichtet wird. Hierzu kommen, so z. B. in der Kölnischen Zeitung, in den Berichten vom Londoner Geldmarkt gelegentlich Mitteilungen über die Gestaltung des Silbermarktes in London. Die Preisnotizen verstehen sich für London in d per Standard Unze, für New-York in cents für 1 Unze fein und für Hamburg in Mark per kg fein Silber.

Zur Darstellung der Technik des Silberhandels in London seien hier die Angaben von Stern[1]) über Silberarbitragen verwendet und ergänzt. Von den Londoner Bullion-Brokers (BarrenMakler), die namentlich mit den im Osten operierenden Banken und mit Firmen auf dem Kontinent arbeiten, werden die Silberkurse täglich offiziell festgesetzt, und zwar für sogenanntes Bar-Silber, gewöhnlich Standard-Silber genannt, und für fein Silber. Für beide Arten wird ein Kassakurs (für Lieferungen innerhalb 7, zum Teil innerhalb 10 Tagen) und ein Zeitkurs (für Lieferungen innerhalb zwei Monaten „Forward delivery") notiert. Die Notizen für Standard Silber sind die wichtigsten, sie lauten etwa 2 d billiger als die Notizen für fein Silber. Terminsilber ist fast immer teurer als Kassasilber; der Preisunterschied, in dem man eine Art von Zins sehen kann, schwankt zwischen $^1/_{16}$—$^1/_4$ d. Die Silberbarren haben die Form von Prismen, wiegen zwischen 900 und 1200 Unzen (28—37 kg) und sind 995—999 Tausendteile fein. Jeder Barren ist von einer eine viertel Unze wiegenden Probe und einem Probier-(Wardier)schein begleitet; dem Barren selbst sind Gewicht, Feinheit und Firma des Probierers aufgedruckt. Die Spesen des letzteren betragen 12/6 pro kg für das Schmelzen und 1/6 pro Barren für Porto.

Für die Preisbildung ist der Zeitunterschied zwischen London und Asien, dem größten Abnehmer, wichtig; Bombay ist London um 5 Stunden, Schanghai um 8 Stunden voraus, so daß deren Telegramme, die Silberpreis und Wechselkurs melden, schon um 10 Uhr morgens in London sind und einen Anhaltspunkt für die Preisgestaltung im Osten bieten. Wegen derselben Zeitdifferenz können sich nämlich die asiatischen Notizen nur nach dem Londoner Preis des vorhergehenden Tages richten, während London den Vorteil hat, zu sehen, wie weit dies geschehen ist. Man hat einen kleinen Anhaltspunkt an den Kursen, wie sie morgens vom Osten und von Indien kommen; sind die Notierungen draußen z. B. höher, so erwartet man auch in

---

1) Stern a. a. O., Arbitrage in Silber. Siehe ferner Koch, Der Londoner Goldverkehr, Münchener volkswirtschaftl. Studien (73. Stück), dessen ausführliche handelstechnischen Angaben vielfach auch für den Silberverkehr zutreffen.

London kein Fallen des Preises. Bis zur Fixierung des Kurses um 2 Uhr Nachmittags gelangen jedoch regelmäßig noch zahlreiche Kauf- bezw. Verkaufsaufträge von China und Indien an den Markt, die auf die Preisfeststellung natürlich einwirken.

Von den Spesen, mit denen bei Silberverschiffungen zu rechnen ist, beträgt die Fracht nach Indien und China $^1/_2$% auf den Wert, während für Versicherung bestimmte Ziffern nicht zu geben sind, da diese je nach den mit den Versicherungsgesellschaften getroffenen Vereinbarungen schwanken. Die Courtage beträgt im allgemeinen $^1/_8$% und nicht, wie Stern angibt, 1%, sie wird nur auf Kaufaufträge gerechnet. Hierzu kommen noch kleinere Spesen wie Stempel für die „bill of lading", „port of London duties" und Kleinigkeiten, die den kontinentalen Kunden meistens nicht berechnet werden, während man annimmt, daß letztere diese Spesen ihrerseits dennoch in Rechnung stellen. Die Fracht für von London nach Hamburg zu verschiffendes Silber wird mit 1/3 pro £ 100.— Wert berechnet; bei Verschiffungen über 10000 £ ermäßigt sich die Fracht auf 1/— (Stern gibt $^1/_6$‰ für Fracht und Verzinsung an). Endlich ist auch der Zinsverlust zu berücksichtigen, der je nach Zinsfuß und Reisedauer verschieden groß ist. Als Versendungszeit rechnet man gewöhnlich von London nach Singapur, Kalkutta 3—4 Wochen, nach Hongkong, Schanghai, Yokohama 5—6 Wochen.

Die normale Verschiffungsgelegenheit bietet sich wöchentlich einmal durch die Dampfer der Peninsular & Oriental Steamship Company; ebenso gut könnten auch die via Southampton auslaufenden Dampfer des Norddeutschen Lloyds benutzt werden.

Neben den Londoner Umsätzen in Barrensilber hat das Geschäft in mexikanischen Dollars, seit deren Umlaufsgebiet auf den chinesischen Kleinverkehr beschränkt ist, so gut wie keine Bedeutung mehr; dagegen sind vielfach reine Differenzgeschäfte in t. t. Mexican Dollar von Europa aus üblich. Die mexikanischen Dollars werden nach Gewicht gehandelt, die Notiz versteht sich in pence per Unze fein und ist in der Regel nur nominell.

Die nachfolgenden Kursberichte von zwei Londoner

Maklerfirmen mögen die vorstehenden Angaben ergänzen. (Formular 4—5) [1]).

Telegraphic Address. Formular 4.
"ATTACOM". LONDON.

LONDON 1st SEPTEMBER 1911.

Bar Gold	17/9 sd p. Oz. Std.	Bar Silver	$24^{3}/_{16}$ p. Oz. Std.	} 925 fine
Do. Parting	„ „ „	Do. 2 mths Forwd	$24^{5}/_{16}$ „ „	

Bank Rate 3%.

Gentlemen,

Further good rains in India have caused a distinctly harder tone to prevail in the Silver Market, and although the effect on prices has been very small so far, to-day's quotation, $24^{3}/_{16}$ d. is $^{1}/_{8}$ d. higher than when we wrote last week, and is the highest quoted for nearly a month.

Surprise has been expressed in some quarters that quotations have failed to respond more sharply to the much improved crop prospects. It must be remembered however that when the reports were most unfavourable, the fall in quotations was small, because many operators realised that there was still time for the situation to be saved. It is also an undoubted fact that the large stock both here and in Bombay discourages fresh purchases for a rise unless operators can see their way very clearly.

With China a fairly constant buyer, and no encouragement to bears, there seems ground for anticipating some further slight improvement in quotations.

GOLD: —

There is no Continental demand for Bar Gold and the requirements of India are very small so practically the whole of this week's arrival is being taken to the Bank of England where £ 764,000 in Bars and Coin has been received. During the week £ 730,000 in Sovereigns has been withdrawn for South America and £ 200,000 for Constantinople.

We are, Gentlemen,

Your obedient servants,

Mocatta & Goldsmid.

7, Throgmorton Avenue,
E. C.

1) Vergleiche auch die Zirkulare von Pixley u. Abell und von Sharps & Wilkins im Archiv der Cölner Hochschulen.

Formular 5.

Telegraphic Adress—
"SHARPS, LONDON."
Registered for Transmission Abroad.

Sharps & Wilkins' Bullion Price Current.

September 1st, 1911.

Bar Silver	$24^{3}/_{16}$ p. oz. Standard	
Bar Silver, Delivery 2 months	$24^{5}/_{16}$ "	
Fine Silver	$26^{1}/_{8}$ p. oz.	
Fine Silver, Delivery 2 months	$26^{1}/_{4}$ "	
Mexican Eagle Dollars . . .	$24^{3}/_{16}$ "	Nominal.
South American Dollars . . .	$23^{3}/_{16}$ "	
Five Franc Pieces	$3/11^{1}/_{4}$ p. 5 francs	Nominal.
Bar Gold	77/9 p. oz. Standard	
Japanese Yens	76/4 p. oz.	Nominal.
American Eagles	76/4 "	"
French Gold Coin	76/4 "	"
German 20 Marks	76/4 "	"
Russian Imperials	76/4 "	"
Brazilian Gold Coin	77/6 "	"
Mexican 20 Dollars	73/7 "	"
Chilian $5 Pieces	77/8 "	"
Turkish Sovereigns	77/9 "	"
Spanish Doubloons	73/6 "	"
South American Doubloons . .	73/5 "	"
Quicksilver . . . . per Bottle	£9 Discount 3 per cent.	

Bank Rate of Discount 3 per Cent.

SHARPS & WILKINS,
Sworn Brokers,
19 Great Winchester Street,
LONDON.

Über den indischen Silberhandel und dessen Spesen wurden in einem früheren Abschnitt bereits die wichtigsten Angaben gemacht. Gehandelt wird Silber in Bombay, neben dem Kalkutta an Bedeutung zurücktritt, sowohl per Kassa als per Liquidation zu bestimmten Terminen, die für das ganze Jahr im Voraus festgesetzt sind. Der Preis versteht sich in Rupien pro 100 Tola. 1 Tola zu 12 Masha zu 8 Ruttee zu 4 dhan ist gleich 0,375 englische Troy Unzen oder gleich 180 Troy grains oder gleich 11,6678 g (Swoboda). Zu beachten ist bei dem indischen Silbergeschäft der Importzoll von 4 Annas pro Unze.

In China ruht das Silbergeschäft, wie auch in Indien, in den Händen der Banken; der reguläre Warenhandel beteiligt sich an dem effektiven Geschäft nicht, sondern schließt nur zur Wechselkurssicherung Silberdifferenzgeschäfte ab. Die Banken ihrerseits pflegen Silber „zur Abdeckung ihrer Goldvaluten-Engagements" zu importieren, wobei das von San Franzisko kommende Silber meistens an die Kanton-Münze geht, während die Londoner Zufuhren vielfach nur bis Bombay gelangen. Über den Zusammenhang zwischen Wechselkurs und Silberbewegung kann erst später gesprochen werden. Der wichtigste chinesische Markt für Silber ist Schanghai. Das vom Ausland in Barren bezogene Silber wird nach Kanton-Taels (37,57 g = 1,208 Troyoz) gewogen und in Schanghai-Kurant-Taels für 100 Kanton-Gewicht-Taels notiert, während im kleineren Verkehr das Silber nach Chouping-Taels (36,65 g = 1,178 Troyoz) gewogen wird. Eine Notiz des Großhandels lautet z. B. so: „Shanghai price of silver Bars (weight Tls. 100 [Canton] 199 touch) Tls. 111,20." Gehandelt wird Silber in Schanghai ebenfalls per Kassa und per zwei Monate Lieferung. An Spesen auf Silbergeschäfte mit London rechnet man in Schanghai mit $^5/_8$%, in Hongkong mit $^3/_4$—1%.

Hinsichtlich des bekannten Silberverkehrs, der in China selbst stattfindet, sowie des interessanten Münzprüfungs- und Umrechnungswesens sei auf die ausführlichen Angaben in Swoboda „Die Arbitrage" verwiesen.

Für die Preisentwicklung des Silbers ist der Londoner Kassakurs für Standard-Silber der maßgebende Ausdruck.

Auf Seite 39 und 77 finden sich die Jahresdurchschnittssätze seit 1893 und in den später folgenden Wechselkursdiagrammen von Hongkong und Schanghai graphische Darstellungen [1]) des Silberpreises in den Jahren 1907—1910. Aus beiden Angaben ist die Kursentwicklung hinreichend zu ersehen. Für die hier behandelte Periode ist namentlich der große Preisfall im Herbst 1907 von rund $24^1/_2{}^0/_0$ zu beachten.

Als wichtigste Preisfaktoren sieht man in London die von Indien, China und Amerika erfolgenden Abgaben und Ankäufe bezw. deren vielgestaltige Ursachen an. Namentlich wirken der Ausfall der Ernten und die Regenentwicklung in Indien auf die Stimmung des Londoner Marktes ein. So wird z. B. der erwähnte große Preissturz im Jahre 1907 in allen vorliegenden Berichten übereinstimmend auf die schlechte Regenzeit, Mißernten und Hungersnot in vielen Distrikten Indiens zurückgeführt; dadurch sei die indische Regierung zur Einstellung ihrer Silberankäufe zu Münzzwecken veranlaßt worden und auch sonst habe sich der Silberimport automatisch verringert. Dem ist in solcher Ausschließlichkeit nicht beizustimmen. Der indische Import hat zwar nachgelassen, aber in größerem Umfange erst von 1909 an. Außerdem ergibt sich aus den Münzausgabeziffern auf Seite 44, daß das Jahr 1907 einen Rekord in der Ausgabe von Rupien aufstellt (261 Mill. Rp. gegen 180—200 Mill. in den Vorjahren), und daß auch in 1908 mit 168 Mill. Rp. ein sehr hoher Betrag in Umlauf gebracht wurde. Erst 1909 werden die Ziffern sehr klein; dazu paßt das Nachlassen der Importe für Regierungsrechnung in diesem Jahre.

Der wichtigste Grund jedoch gegen die Annahme, daß der indische Bedarf die Preisgestaltung von 1907 bedingt habe, ist in der fast parallelen Entwicklung des Silberpreises zu den Preisen anderer Metalle zu sehen. Aus einem gedruckt vorliegenden umfangreichen Preisdiagramm der Metallfirma Vivian, Younger & Bond, London, Leadenhallstr.

---

1) Die Linie stellt zwar die Reduktionen der Londoner Silberpreise auf das Feinsilbergewicht des Hongkonger Dollars bezw. Schanghai-Taels dar, also zwei Münzparitäten zum Londoner Kurs, doch würde eine einfache Zeichnung des Londoner Silberpreises genau so verlaufen, da es sich stets um dieselbe Reduktion handelt.

27, Baltic House, von dem sich ein Exemplar im Archiv der Kölner Hochschulen befindet, ist die Preisentwicklung von Silber, Zinn, Blei, Kupfer und Eisen während der Jahre 1893—1909 ersichtlich. Darin zeigen die Preiskurven für Blei, Kupfer und Silber eine außerordentlich starke Parallelität, während die Linie für Eisen flacher, diejenige für Zinn in ihren Bewegungen schärfer betont verlaufen, im übrigen aber auch noch eine weitgehende Gleichmäßigkeit aufweisen. Und zwar zeigt sich dieser nahezu parallele Verlauf der verschiedenen Metalle sowohl bei kleineren Schwankungen wie vor allem bei Preisänderungen, die sich im Laufe längerer Perioden vollzogen haben. Gerade der große Preissturz im Jahre 1907 findet sich nicht nur für Silber, sondern ebenso stark oder noch stärker für Blei, Zinn, Kupfer und Eisen, nur daß bei den beiden letzten Metallen die Baisse schon einige Monate vorher einsetzte.

Im ganzen geben die Bewegungen dieser Preise den Verlauf der Weltkonjunktur wieder; auf den Höhepunkt zu Beginn des Jahrhunderts folgt der Abfall, von 1903 an die neue Aufwärtsbewegung, bis 1907 die letzte Depression einsetzte. Seit 1898 — das ist das Jahr, in dem in Indien der Relationskurs von 16 d erreicht wurde — erscheint der Silberpreis fest in das Auf und Ab der Konjunkturbewegung eingespannt, während er von 1893—1898 zwar eine Eigenbewegung zeigt, aber dennoch, wenn auch schwächer, von den Schwankungen der anderen Metalle beeinflußt zu sein scheint. Diese Eigenbewegung zeigt sich zunächst in einem dauernden Preisfall von $54^1/_2$ d im Jahre 1891 auf $27^1/_2$ im Jahre 1894 als Rückschlag der auf die Sherman-Bill folgenden Spekulation; gleichzeitig weisen aber auch die vier anderen Metalle einen ebenso lange dauernden Rückgang auf. Von Herbst 1896 bis September 1897 fiel der Silberpreis unabhängig von anderen Preisen stark, um im nächsten Monat bereits das Meiste wieder aufzuholen; diese Eigenbewegung dürfte auf die indische Währungsreform zurückzuführen sein. Am 16. September 1897 wurden die indischen Münzstätten für die freie Ausprägung von Gold geöffnet, und damit war allen Hoffnungen auf ein Fiasko der Reform der Boden entzogen. Da außerdem ein Vergleich mit den

Diskontsätzen ergibt, daß hohe Silberpreise mit hohem Zins, niedrige Silberpreise mit niedrigem Zins im allgemeinen zusammenfallen, so wird man sagen können, daß für die Höhe des Silberpreises je länger um so mehr die allgemeine Wirtschaftslage und nicht allein die Verhältnisse in Indien oder China entscheidend sind; sind diese und jene ungünstig, wie das 1907 der Fall war, so verstärken sie sich natürlich gegenseitig. Auch die auf Seite 77 aufgeführten Weltproduktionsziffern sprechen nach Zu- und Abnahme für die hier vertretene Auffassung. Der Meinung Singers [1]), daß der Silberpreis durch die Wechselkurse der Silberländer und nicht umgekehrt deren Wechselkurs durch den Silberpreis bestimmt werde, kann heute nicht mehr beigetreten werden.

Der Vollständigkeit halber sei auf die jährlichen Berichte der Volkswirtschaftlichen Chronik über den Silbermarkt verwiesen.

Rechnet man, alles in Jahresdurchschnitten, den Londoner Silberpreis zum Sichtkurs Berlin-London um und vergleicht damit die Hamburger Silbernotiz, so ergibt sich folgendes Bild:

Jahresdurchschnitt		1900	1901	1902	1903	1904	1905	1906	1907	1908	1909
Silber in London		$28^1/_4$	$24^3/_{16}$	24,09	$24^3/_4$	$26^2/_5$	27,84	$30^7/_8$	$30^3/_{16}$	$24^2/_5$	$24^3/_4$
Berlin auf	„	20,46	20,41	20,45	20,42	20,41	20,44	20,46	20,47	20,42	20,44
Umrechnung [2])	ℳ	83,69	80,36	71,33	73,18	78,02	82,40	91,47	89,48	72,15	70,29
Silber in Hambg.	„	83,37	80,16	71,—	73,03	77,81	82,26	91,34	89,42	71,95	70,01
Differenz	ℳ	0,32	0,20	0,33	0,15	0,21	0,14	0,13	0,06	0,20	0,28

Die Größe der Differenz, um die Silber in Hamburg dauernd billiger ist als in London, nimmt ungefähr den umgekehrten Verlauf wie der Silberpreis und der Londoner Diskont. Bei der im Statistischen Jahrbuch für das Deutsche Reich angestellten Preisvergleichung scheint der Londoner Silberpreis stets nur zu 20,40, also niemals zur Parität, umgerechnet zu sein, während die Ziffer für 1907 nicht stimmen kann, da sie einen Wechselkurs von 20,76 ergäbe.

1) Singer a. a. O.

2) Umgerechnet nach der Stern'schen Fixzahl 0,1448 × Silberpreis × Deckungskurs.

5. Die Wechselkurse von Hongkong und Schanghai.

Die Republik China umfaßt noch immer ungefähr alle Stufen wirtschaftlicher Entwicklung, was in ganz besonderem Maße von den Währungsverhältnissen [1]) des Riesenreiches gilt. Man kann nicht einfach sagen, China besitzt Silber- oder Kupferwährung, man kann überhaupt nicht von einer einheitlichen Währungsform sprechen, vielmehr laufen Kupfergeld und Silbermengen nebeneinander her, ohne durch ein anderes System als das schwankende Verhältnis des Metallwertes miteinander verbunden zu sein.

Weiterhin sind auf der einen Seite die gebräuchlichen Mengeneinheiten des Silbers von Ort zu Ort nach Menge und Feinheit verschieden, bedürfen also bereits für sich einer Wertrelation im Verkehr zwischen zwei Orten. Auf der anderen Seite ist für das geprägte Kupfergeld das gleiche der Fall; die vielen, örtlich verschiedenen Käsch-Arten (kleinste Kupfermünze) stehen ebenfalls in bestimmtem Verhältnis zueinander, nur tritt hier erschwerend hinzu, daß ausgedehnte Fälschungen und minderwertige Prägungen für die einzelne Münze ein Disagio bedingen, das wiederum für jede Käsch-Art womöglich noch innerhalb derselben Art verschieden ist, wenn es sich etwa um zweierlei Ausprägungen handelt. Um den Wert eines Käsch in A. gegenüber dem Wert eines Käsch in B. nach dem Maßstabe unseres Goldgeldes zu bestimmen, bedürfte es infolgedessen einer langen Reihe von Proportionen. Außerdem werden seitens der Münzausgabestellen vielfach durch eine künstlich herbeigeführte Geldkontraktion die Werte abermals geändert. (Letzteres geschieht durch die Mandarinen, um unterwertiges Geld in den Verkehr zu pressen.)

Ferner existiert in weiten Gebieten Chinas noch reiner Tauschverkehr, während gleichzeitig zwischen diesem und der Kupferwährung die mannigfaltigsten Übergänge bestehen. Ein Bild des Tauschverkehrs ergibt sich aus folgen-

1) Über die Währungsverhältnisse Chinas siehe besonders Sonndorfer, Swoboda und Frankfurter Zeitung 1911 Nr. 221, F. W. Hack, Bank- und Geldwesen in China.

dem Bericht [1]) des Dolmetscheraspiranten Tigges beim deutschen Konsulat in Kanton über die Geldverhältnisse in Woutschou, einer Stadt von 60—80 000 Einwohnern an der Mündung des Fuflusses in den Westfluß, die den Ruf hat, der Haupthandelsplatz und der reichste Ort der Provinz Kuangsi zu sein. „In Woutschou sind hauptsächlich Kantoner 20 Centstücke und Hongkonger 10 Centstücke im Umlauf; Silberdollars und Notengeld sind wenig bekannt. Im Binnenland ist Bargeld selten; die Landleute pflegen gegen ihre Bodenerzeugnisse Waren — hauptsächlich Baumwollwaren — einzutauschen; der Geldverkehr zwischen Woutschou und Kanton-Hongkong wird durch chinesische Bankiers in Futschan und Kanton vermittelt." Nach derselben Quelle ist die Stadt Woutschou das natürliche Zentrum des Handelsverkehrs für Kuangsi, Kueitschou und das nordöstliche Yünnan, ein Gebiet, das etwa der Bodenfläche des Deutschen Reiches gleich kommt; alle nach Kanton und Hongkong führenden Handelsstraßen dieser großen Landflächen vereinigen sich in Woutschou.

Gegenüber diesen Verwicklungen, mit denen der kleine Binnengeldverkehr Chinas zu rechnen hat, erscheint der Silbergroßverkehr der Hafenstädte als relativ einfach gestaltet. Bei ihm handelt es sich um drei Schwierigkeiten, die jedoch von dem Chinesen nicht als solche empfunden werden, da ihm die erforderliche Technik geläufig ist und sich aus den Schwierigkeiten für ihn dauernd Gewinngelegenheiten ergeben. Die erste Schwierigkeit besteht darin, einen bestimmten Betrag in der entsprechenden Menge Silbers auszuzahlen: der Betrag muß gewogen werden, sofern man sich nicht mit ausländischen Silbermünzen behilft, die dann aber nur als feststehende, bereits bequem abgeteilte Mengen Silbers gelten. Letzteres geht soweit, daß man die Münzen zerbricht, um einen entsprechenden Teilbetrag zu bekommen, und daß vielfach die Münzen nicht auf ihre Prägung hin genommen werden, sondern stückweise einer Nachprüfung unterliegen, wobei Gewicht und Feinheit von den chinesischen Probierern darauf vermerkt werden. Die Münzen werden „geschopt". Die Europäer untereinander nehmen natür-

1) Bericht über Handel und Industrie, Bd. 14, Heft 6, Mai 1910.

lich die Münzen lediglich auf die Prägung hin, und dem folgen auch die Chinesen da, wo der Umlauf größeren Umfang besitzt, also in den Hafenstädten.

Handelt es sich um interlokalen Verkehr, so tritt zu der Schwierigkeit des Abwägens die Umrechnung der örtlichen Gewichtseinheit in die des fremden Platzes nach Menge und Feinheit; soll das Silber außerdem an dem fremden Platze tatsächlich umlaufen, so muß es umgeschmolzen werden, um als Umlaufsstück der dort üblichen Menge und Feinheit zu entsprechen. Hack führt das zähe Festhalten der Chinesen an diesen Unbequemlichkeiten des Barrengeldes zurück auf die große Zahl derer, die dabei verdienen, und auf die jedem Barrengeld innewohnende Unmöglichkeit einer obrigkeitlichen Geldverschlechterung.

Die dritte und unangenehmste Schwierigkeit ergibt sich im Verkehr Chinas mit dem Auslande durch die Verbindung des chinesischen Silberumlaufs mit dem internationalen Goldgelde, also durch den Wechselkurs. Das Störende dabei sind nicht die Schwierigkeiten der Kurstechnik oder die Häufigkeit der Kursänderungen — diese Schwierigkeiten sind hier kaum größer als bei jeder anderen Währung —, sondern die Größe der auftretenden Schwankungen, die die Preisgestaltung aller Waren durch ein außerhalb der Sache liegendes Moment beeinträchtigen. Wer heute von Europa Waren kauft, muß gewärtigen, daß es seinem Nachbar morgen möglich sein kann, ihn durch einen inzwischen um 10% gestiegenen Silberpreis um ebenso viele Prozente zu unterbieten, ohne daß der Weltpreis der Ware sich geändert hat oder die Verhältnisse des betreffenden chinesischen Marktes sich verschoben haben. Umgekehrt kann der Exporteur theoretisch um den Betrag jedes Silberfalles unter Weltpreis offerieren oder über chinesischem Marktpreis einkaufen. Das Maß und die Schnelligkeit, mit der Silberschwankungen in den Preisen anderer Waren zur Wirkung kommen, ist jedoch je nach der Richtung verschieden: ehe ein Silberfall in den Preisen der Exportwaren am chinesischen Produktionsorte, also im Innern, wirksam wird, dauert länger und setzt sich in geringerem Maße durch als die Wirkung einer Silberpreissteigerung auf den Importhandel. Letzterer wird dazu auch von jedem Sinken des Silberkurses empfindlich getroffen, da die Warenverkaufspreise im Innern niemals im selben Maße steigen [1]).

An dieser größten Schwierigkeit des chinesischen Geldwesens, von der namentlich der europäisch-amerikanische Fremdhandel getroffen wird, wird durch die geplante Währungsreform nichts geändert werden, da nur eine einheitliche Silberwährung eingeführt werden soll. Allerdings wäre die Einführung eines wirklichen Einheitsgeldes bereits ein großer Fortschritt für China gegenüber den heutigen chaotischen Zuständen, und zudem muß man sich in China zunächst einmal an ein regelrechtes Geldsystem gewöhnt haben, ehe man daran denken kann, den weiteren Schritt zu tun und die umlaufenden Münzen gegenüber dem Golde unterwertig zu prägen. An einer für den kleineren Verkehr handlichen Goldmünze wird es alsdann nicht fehlen, wie der von Schmalenbach [2]) bereits 1904 gemachte Vorschlag dartut, Goldmünzen von nur 250 fein und etwa der Größe des 50Pfg.-Stückes mit einem Goldwert von 2,04 ℳ auszuprägen.

Auf die Einzelheiten der geplanten Reform und die zu ihrer Durchführung in Aussicht genommene Anleihe braucht hier nicht eingegangen zu werden.

Im einzelnen ist der Kupfer-Käsch als der tausendste Teil des Silber-Taels, der chinesischen Unze, eigentlich auch nur Gewichtsgeld. Die zu Grunde liegende Gewichtseinteilung ist folgende, wobei die chinesischen Bezeichnungen in Klammern zugesetzt sind:

1 Tael (Liang) = 10 Mace oder Mehs,
1 Mace (Tsién) = 10 Candareen oder Kandorin,
1 Candareen (Fen) = 10 Li (Käsch).

Die Benennungen der höheren Gewichte lauten:

16 Tael = 1 Catty (Tsin),
100 Catty = 1 Picul (Tan).

---

1) Siehe hierüber besonders Helfferich, Außenhandel und Valutaschwankungen, Conrads Jahrbuch XXI, 2 und von Kries, Seezollverwaltung und Handelsstatistik in China, Probleme der Weltwirtschaft, Schriften des Instituts für Seeverkehr und Weltwirtschaft in Kiel, Jena 1913.

2) a. a. O.

Während nun die Dezimaleinteilung gleichmäßig durchgeführt ist, ist das Gewicht eines Taels fast überall verschieden, so daß man über 100, nach anderen sogar mehrere 100 Arten kennt, deren wichtigste der Kanton-, der Haikuan- (für das Seezollamt) und der Schanghai-Tael sind. In ähnlicher Weise sind, wie bereits erwähnt, die Käscharten örtlich verschieden; die Wertrelation zwischen den einzelnen Käscharten und zwischen Käsch und Silber pflegt täglich in den Städten durch die chinesische Bankiergilde festgestellt zu werden. Für den in dieser Arbeit zu berücksichtigenden internationalen Verkehr kommen die Relationen nicht in Betracht; ebenso interessiert in dem hier gezogenen Rahmen die Bewertung der Silbertaels untereinander nur insoweit, als es sich um die Feststellung handelt, ob diese Bewertung nur eine Umrechnung oder eine wechselkursartige Preisbildung darstellt. Es kann daher wegen weiterer Einzelheiten auf die Handbücher (besonders Swoboda) und die Literatur verwiesen werden.

Hinzuzufügen bleibt nur noch, was neben den schuhähnlichen Barren an Münzen geschopt oder als Münze schlechthin umläuft. Es sind dies Silberdollars der Münze zu Kanton und der Münze zu Wouschang, beide mit Unterteilungen von 20,10 und 5 Centstücken, der berühmte Mexicandollar, der stets geschopt wird, weiter britische Hongkong- und alte Straits Dollars, und endlich in geringerem Umfange Yen-Stücke und französische Tonkindollars. Dazu kommen mit wachsender Bedeutung die von den chinesischen und fremden Banken ausgegebenen Noten; die Noten der ersteren sind durch die zwar nicht formelle, tatsächlich aber doch solidarische Bürgschaft der Bankgilden so gut wie gedeckt, während die Noten der Fremdbanken — wie einmal der Geschäftsbericht der Hongkong & Shanghai Banking Corporation sagt, — Dollar für Dollar bar gedeckt sind. Diese Noten bedingen vielfach wegen ihrer bequemen Handhabung ein Agio.

Nach „The China Year-Book 1912" wird der Geldumlauf Chinas für 1911 wie folgt geschätzt:

Ausländische Dollars	Dollars	114	Mill.
Silberscheidemünzen (20, 10, 5 Cents)	„	1500	„

kupferne 10-Käschstücke . . . . . Taels 100 Mill.
chinesische Dollars . . . . Dollars 43 „

Die international wichtigen Wechselkurse Chinas sind diejenigen von Hongkong und Schanghai, wozu in neuerer Zeit Tientsin getreten ist. Davon ist Hongkong [1]) englische Besitzung, der Geldumlauf besteht zur Hauptsache aus britischen Hongkong-Dollars, die in der Münze von Bombay geprägt werden. Die politische Trennung bedeutet jedoch hier keine wirtschaftliche, und Hongkong ist in diesem Zusammenhang als ein Teil Chinas anzusehen. Was die Stellung Hongkongs und Schanghais im Zahlungsverkehr Chinas mit dem Auslande angeht, so wird von drüben berichtet, daß Schanghai den Zahlungsverkehr von ganz China vermittle, während Hongkong auf seinen eigenen beschränkt sei. Wörtlich ist das richtig. Da aber Hongkong den Handelsverkehr Südchinas ausschließlich beherrscht, so fällt auch dessen Zahlungsverkehr ihm und nicht Schanghai zu. Schanghai ist vielmehr das Verkehrszentrum für das mittlere China, die Jangtsze-Ebene und für Gebiete noch weiter nördlich. Außerdem wird in einem Bericht des Deutschen Handelsarchivs 1908/II Hongkong als Mittelpunkt des Geldverkehrs für das südliche China bezeichnet.

In Schanghai wird der Wechselkurs London auf der Basis des Schanghai-Taels notiert. Die Münz-Parität gegenüber dem englischen Goldgelde ergibt sich aus folgender Kette:

? d	=	1 Shanghai Tael
111,4	=	100 Haikwan Tael
1	=	584,85 grains fein Silber
222 fein	=	240 Standard
480	=	1 oz
1 oz	=	. . . . . (Silberpreis in London.)

Das Umrandete ergibt als „fixe Zahl" 1,182432, mit der der jeweilige Silberpreis zu multiplizieren ist. So ergibt z. B. ein Silberpreis von 22 d umgerechnet $26\,{}^{1}/_{100}$ bezw. 2 sh $2^{1}/_{100}$ d, 25 d = $29^{56}/_{100}$ d, 28 d = $33^{11}/_{100}$ d etc.

---

1) Insel Hongkong mit der Stadt Viktoria.

Die vorstehende, von H a n i s c h [1]) übernommene Kette wurde bei den vorliegenden Untersuchungen benutzt, während in Schanghai die nachstehende Umrechnung, die jedoch zur selben Fixzahl führt, üblich ist.

? d	=	1 Schanghai Tael
111,20	=	100 Kanton-Taels
82,7815	=	100 troy oz.
100	=	100,9 pence charges
100	=	107,8829 oz. standard
1	=	. . . . . Silberpreis London
feste Zahl	=	1,182 × Silberpreis.

In Hongkong notiert man den Wechselkurs auf London pro 1 Hongkong-Dollar, dessen Parität wie folgt zu berechnen ist:

? d	=	1 Hongk. Dollar
1	=	24,26112 gramm fein [2])
31,1035	=	1 oz fein
37	=	40 oz Standard Silber
1	=	. . . . . Silberpreis in London

Das Resultat der umrandeten Ziffern ergibt die feste Zahl 0,843257, mit der der jeweilige Silberpreis zu multiplizieren ist.

Der K u r s auf Deutschland wird in Schanghai und Hongkong durch Umrechnen des englischen Kurses zur Rate Berlin-London, die täglich von London gekabelt wird, ermittelt; eine selbständige Preisbildung für deutsche Wechsel findet also nicht statt. Die deutsche und auch jede andere P a r i t ä t ist nur auf dem Umwege über die englische zu ermitteln; ausführliches darüber wurde bereits auf Seite 33 ff. gesagt. Im übrigen vollzieht sich der Devisenverkehr im wesentlichen in der früher geschilderten, in Asien allgemein üblichen Form. Weitere Einzelheiten sind aus den nachstehenden Kurszetteln (Formular 6—7) ersichtlich. Der

1) H a n i s c h , Die Lehre von der Technik des Handels, Rothschilds Taschenbuch 1911, Seite 796.

2) Entstanden aus 26,9568 gramm rauh, da 900/1000
minus 2,69568
24,26112 fein.

in dem Kurszettel von Maitland & Fearon angegebene Satz für Native Interest (Eingeborenenzins) ist ein Jahresprozentsatz, während Native Interest gewöhnlich in mace und candareen für 1000 Tael und für den Tag festgesetzt werden.

Mittels der angegebenen Fixzahlen wurden die Londoner Silberpreise der Jahre 1907 bis 1910 für Hongkong und Schanghai reduziert, in den Diagrammen Nr. 13 bis 16 und 17 bis 20 als Münzpari eingetragen und die entsprechenden t. t. Notizen dazu gesetzt. Dabei war zu beachten, daß wegen des Zeitunterschiedes zur t. t. Notiz jedesmal der reduzierte Silberpreis des vorhergehenden Tages gehörte. (Näheres über die Diagramme siehe Kapitel I, 3.)

Die Diagramme zeigen, wie die beiden chinesischen Wechselkurse mit dem Silberpreis verlaufen, wie also die wichtigste Bewegung dieser Wechselkurse durch den Silberpreis verursacht wird. Ein steigender Silberpreis bedeutet eine Steigerung des Wechselkursbetrages, d. h. für China einen fallenden Wechselkurs, für Europa auf China einen steigenden, während ein Fallen des Silberpreises die Wechselkurse Chinas „ungünstig" gestaltet. Als zweite Bewegung treten hierzu die Abweichungen der t. t. Kurse von dem Silberpreis, die Abweichungen also von der Parität, die durch die selbst schwankende Linie des Silberpreises gebildet wird. In der Literatur hat man bisher diesen Abweichungen der chinesischen Wechselkurse von dem Silberpari keine größere Beachtung geschenkt und, bewogen durch die absolute Kleinheit der Differenzen — Bruchteile eines Penny — die Schwankungen um das Münzpari als bedeutungslos, von gelegentlicher starker Nachfrage oder dringendem Angebot verursacht angesehen. Aus den früheren Angaben der Größenverhältnisse der Diagramme und aus Diagramm Nr. 21—24 geht hervor, daß es sich bei den Abweichungen von der Parität jedoch um Schwankungen handelt, die ein Vielfaches der im europäischen Verkehr zwischen oberen und unteren Goldpunkten möglichen Schwankungen ausmachen.

1911—No. 35

Formular Nr. 6.

No. 25, Szechuen Road,
SHANGHAI.

MAITLAND and FEARON'S

Exchange Circular for week ending Wednesday, August 30th. 1911.

Exchange:—During the week, the London price of Silver for early delivery has moved between $24^{1}/_{16}$ d. and $24^{1}/_{8}$ d., the quotation for two months forward delivery has however remained steady at $24^{3}/_{16}$ d. throughout the week. Our local rates of exchange have remained at $2/4^{1}/_{2}$ d. for T/T on London. Exchange settlements have been on a small scale and the market generally has been easy for early delivery and steady forward. At the close a steady feeling prevails. "Deliveries" in connection with Imports are poor, this however may be accounted for by the stormy weather we have experienced. The local stock of Sycee and Bar Silver stands at about Tls 28,000,000.

	Thursday August 24th	Friday August 25th	Saturday August 26th	Monday August 28th	Tuesday August 29th	Wednesdey August 30th
Bank's selling rates.	opening closing	opening closing	opening closing	opening closing	opening closing	opening closing
T/T. on London	$2/4^{9}/_{16}$	$2/4^{1}/_{2}$	$2/4^{1}/_{2}$	$2/4^{1}/_{2}$	$2/4^{1}/_{2}$	$2/4^{1}/_{2}$
D/Dfts. "	$2/4^{5}/_{8}$	$1/4^{9}/_{16}$	$2/4^{9}/_{16}$	$2/4^{9}/_{16}$	$2/4^{9}/_{16}$	$2/4^{9}/_{16}$
4 m/s. "	$2/4^{3}/_{4}$	$2/4^{11}/_{16}$	$2/4^{11}/_{16}$	$1/4^{11}/_{16}$	$2/4^{11}/_{16}$	$2/4^{11}/_{16}$
T/T. on India	178	$177^{3}/_{4}$	$177^{3}/_{4}$	$177^{3}/_{4}$	$177^{3}/_{4}$	$177^{3}/_{4}$
T/T. on France	$300^{1}/_{2}$	300	300	300	300	300
T/T. on Germany	$243^{1}/_{2}$	243	243	243	243	243
T/T. on New York	$57^{7}/_{8}$	$57^{3}/_{4}$	$57^{3}/_{4}$	$57^{3}/_{4}$	$57^{3}/_{4}$	$57^{3}/_{4}$
T/T. on Hongkong	$75^{3}/_{4}$	$75^{3}/_{4}$	$75^{3}/_{4}$	$75^{3}/_{4}$	$75^{3}/_{4}$	$75^{3}/_{4}$
T/T. on Japan	$85^{1}/_{2}$	$85^{5}/_{8}$	$85^{5}/_{8}$	$84^{5}/_{8}$	$85^{5}/_{8}$	$85^{5}/_{8}$
T/T. on Batavia	$143^{3}/_{8}$	143	143	143	143	143

Formular Nr. 6.

Bank's buying rates.						
4 m/s Bills on London Credits, & D/A	2/5 1/16	2/5	2/5	2/5	2/5	2/5
6 m/s „ „ „ ...	2/5 5/16	2/5 1/4	2/5 1/4	2/5 1/4	2/5 1/4	2/5 1/4
4 m/s Bills on London, D/P ...	2/5 3/16	2/5 1/8	2/5 1/8	2/5 1/8	2/5 1/8	2/5 1/8
6 m/s „ „ „ ...	2/5 7/16	2/5 3/8	2/5 3/8	2/5 3/8	2/5 3/8	2/5 3/8
4 m/s Bills on France Credits, D/A. or D/P	305 1/2	305	305	305	305	305
4 m/s „ „ Germany	248 1/2	248	248	248	248	248
4 m/s „ „ New York	59 3/4	59 5/8	59 5/8	59 5/8	59 5/8	59 5/8

Bullion.	Aug. 24th	Aug. 25th	Aug. 26th	Aug. 28th	Aug. 29th	Aug. 30th
* London Price of Bar Silver per oz. (English Standard 925 touch) ... Pence	24 1/8	24 1/8	24 1/16	24 1/8	24 1/16	24 1/8
Shanghai Price of Gold Bars (weight Tls. 10 (Chauping) 98 touch)	Tls, 408.00	Tls. 408.60	Tls. 408.40	Tls. 408.25	Tls. 408.75	Tls. 408.85
do. Silver Bars (weight Tls. 100 (Canton) 999 touch)	Tls. 111.20	Tls. 111.20	Tls. 111.20	Tls. 111.20	Tls. 111.20	Tls. 111.20
do. Mexican Dollar per $ 100	Tls. 75.2	Tls. 75.1375	Tls. 75.1625	Tls. 75.1375	Tls. 75.15	Tls. 75.1375
Money						
Native Bank Rate of Interest (Call money) ...	1 1/2 %	1 1/2 %	1 %	2 %	1 1/2 %	2 %

* Closing Price in London for Previous day.

Bank of England rate of discount	3 %
Bank of France „ „	3 %
Bank of Germany „ „	3 %
London open Market rate of Discount 3 m/s.	2 7/8 %
„ „ 4 m/s.	3 3/8 %
„ „ 6 m/s.	3 7/16 %

London on Paris	T/T	25.26
London on Germany	T/T	20.48 1/4
New York on London	T/T	4.86 7/16
Bombay on London	T/T	1/4 1/32
Hongkong on London	T/T	1/9 7/16
Yokohama on London	T/T	2/0 3/8—7/16

N. G. MAITLAND,
R. I. FEARON,
Exchange and Bullion Brokers
Telephone No. 2077.

Vorderseite. Formular 7.

OPENING

EXCHANGE QUOTATIONS.

HONGKONG, SATURDAY, 26th AUGUST, 1911.

SELLING.

T/T.	$1/9^{7}/_{16}$
Demand	$1/9^{1}/_{2}$
30 d/s	$1/9^{9}/_{16}$
60 d/s.	$1/9^{9}/_{16}$
4 m/s.	$1/9^{5}/_{8}$
T/T. Shanghai	$75^{1}/_{8}$
T/T. Singapore	$76^{3}/_{8}$
T/T. Japan	$87^{3}/_{4}$
T/T. India	$133^{3}/_{4}$
Demand India	134
T/T. San Franzisco and New York	$43^{3}/_{8}$
T/T. Java	$107^{5}/_{8}$
T/T. Marks	183
T/T. Francs	$225^{1}/_{2}$

BUYING.

4 m/s. L/C.	$1/9^{7}/_{8}$
4 m/s. D/P.	1/10
6 m/s. L/C.	1/10
30 d/s. Sydney and Melbourne	$1/10^{1}/_{8}$
„ San Francisco and New York	$44^{1}/_{4}$
4 m/s. Marks	$187^{1}/_{2}$
4 m/s. Francs	2.30
6 m/s. „	2.32
30 d/s. on India	
Bar Silver	$24^{1}/_{16}$
Bank of England Rate	3%

With the Compliments of

A. & S. Hancock, Stewart Bros.,
Th. Christiani, Layton & Co.,
O. von der Heyde, A. W. Schellhass.

BANK'S SELLING: —	AUGUST	TO JULY 1912 (à MONTHS RUNNING.)			
Sterling T.T.					
BANK'S BUYING: —	AUGUST	SEPTEMBER	OCTOBER	NOVEMBER	DECEMBER
Sterling Credits 4 m/s.					
Francs 4 m/s.					

26/8/11.

Die Abweichungen erfolgen nach oben und unten; in ihnen ist der eigentliche Wechselkurs im üblichen Sinne, „der Ausdruck der Zahlungsbilanz", zu sehen. Steht der t. t. Kurs unter dem Silberpari, so handelt es sich um einen hohen, für China ungünstigen Wechselkurs, steht die t. t. Notiz über der Silberlinie, so hat China für seine Zahlungen nach London weniger aufzuwenden. Von London aus gesehen verhält sich die Sache umgekehrt, die Diagramme sind in diesem Falle so zu lesen, wie sie gezeichnet sind: über Pari hoher Kurs, unter Pari billiger Kurs.

Für China kann sich demnach der Wechselkurs zu gleicher Zeit auf zwei Wegen günstig oder ungünstig gestalten: der Kurs kann mit dem Silberpreis steigen oder fallen und kann ferner gleichzeitig von der Parität sich entfernen. Beide Bewegungen können großen Umfang annehmen. Gehen sie in derselben Richtung, so stärken sie sich gewissermaßen gegenseitig, während umgekehrt eine Abschwächung eintritt, wenn die beiden Bewegungen gegeneinander verlaufen. Das deutlichste Beispiel für eine solche Abschwächung bietet der große Silberfall in 1907. Die vorher weit unter Pari verlaufende Linie des t. t. Kurses Schanghai bewegt sich mit fortschreitendem Silberfall immer mehr zur Parität hin, sie bremst, wenn man so sagen darf, mildert also durch ihre Eigenbewegung den aus dem Silberpreis sich ergebenden Wechselkurs.

Als eine Eigenbewegung der t. t. Notizen ist es auch anzusehen, wenn sie bei steigendem oder fallendem Silberpreis selbst stehen bleiben, da sich auch dann ihr Abstand von der Parität ändert und diese Abstandsänderung, als Linie gezeichnet, eine umgekehrt zum Silberkurs verlaufende Bewegung ergibt. Mit anderen Worten gesagt, heißt das, daß sehr oft die t. t. Notiz ihren eigenen Weg geht, steigt, fällt oder stehen bleibt, gewissermaßen ohne sich um den Verlauf des Silberpreises zu kümmern. Sieht man den Verlauf des Silberpreises als das Absolute, die Abweichungen der t. t. Notizen als das Relative an, so liegt in diesem Sich-nicht-kümmern eine eigenwillige B e w e g u n g des Wechselkurses. Da aber die absolute Kurshöhe der t. t. Notiz das Entscheidende ist, so ist eine solche zum Silberpreis gegensätzliche Eigenbewegung nur als Ausdruck der Silberschwankung zu werten.

Diese Neigung zur Stetigkeit und Beständigkeit zeigen beide t. t. Notizen häufig und in gleichem Maße, die auf eine geprägte Münze basierte Notiz in Hongkong hat darin kaum etwas vor der Notiz Schanghais voraus, die nur die Bewertung eines Gewichtes Silbers darstellt. Sieht man in der Eigenbewegung der t. t. Notizen den „Ausdruck der Zahlungsbilanz", so bedeutet jede als Reaktion auf Silberpreisänderungen erfolgende Eigenbewegung eine Verdunklung der Kursgestaltung.

Vergleicht man die Stellung der Hongkonger Notiz zum Silberpreis mit derjenigen der Schanghaier Notiz, so ergibt sich ein wichtiger Unterschied zwischen beiden. In Hongkong steht die t. t. Notiz, am Silberpreis gemessen, dauernd beträchtlich höher als in Schanghai, der Wechselkurs ist mithin in Hongkong dauernd günstiger und billiger als in Schanghai, oder mit anderen Worten, der in Hongkong die Basis bildende Dollar erfreut sich eines Agios. Um 100 Pfund London zu erstellen, bedarf man relativ mehr ungemünzten Schanghai-Silbers, als man nach dem Silbergehalt Hongkong-Dollar aufzuwenden hat; von London aus als direkte Notiz gesehen, ist die Dollarbewertung relativ höher als die Taelbewertung, die geprägte Münze wird bevorzugt. Wenn demgegenüber S o n n d o r f e r von einem 3—5%igen Diskont spricht, den der Hongkong-Dollar bedinge, so ist dabei vielleicht die indirekte Notierungsweise übersehen worden, die ein Agio durch eine niedrige Kursziffer ausdrückt.

Um den Verlauf der beiden t. t. Kurse zur Silberparität genauer übersehen und vergleichen zu können, wurden die Abweichungen von der Parität nach oben und unten in 100stel Pence ermittelt und im Diagramm Nr. 21—24 auf eine gerade Linie bezogen; die Silberparitätslinie wurde also für beide Wechselkurse zur geraden Linie straff angezogen. Das sich dabei ergebende Bild zeigt den eigentlichen chinesischen Wechselkurs, den Ausdruck der Zahlungsbilanz in den Abweichungen von der Parität. Erst jetzt lassen sich die beiden Kurse untereinander und mit den anderen asiatischen Wechselkursen vergleichen. Hierbei war aus technischen Gründen nicht zu vermeiden, daß die Kurse von Hongkong und Schanghai sowohl untereinander wie gegenüber den anderen asiatischen Kursen in verschiedenem Maßstab gezeichnet wurden. Nach dem Verhältnis der auf Seite 93/94 berechneten Paritätsfixzahlen (1,182:0,843) hätte man, um für Hongkong wie für Schanghai denselben Maßstab zu erhalten, für jedes $^1/_{100}$ d Abweichung von der Parität für Schanghai 1 mm, für Hongkong 0,7 mm Höhe nehmen müssen; statt dessen wurde in Diagramm 21—24 für beide Plätze 1 mm genommen, sodaß man sich die Kurven von Schanghai etwas flacher vorstellen muß. Störend ist der Unterschied kaum.

Eine Beziehung des Diagramm-Maßstabes auf die Darstellungen der anderen asiatischen Kurse ist schwieriger, da sich mit dem stark schwankenden Silberpreis die Basis der Verhältnisse ändert. Das gilt namentlich für den Preisfall in 1907. Der Kürze halber seien nur die Jahre 1908 bis 1910 berücksichtigt und als ganz runder Durchschnittswert ein Silberpreis von $24^1/_2$ d = 28,97 d Parität Schanghai und 20,65 d für Hongkong angenommen. Im Maßstab von 1 mm Höhe pro $^1/_{8100}$ der Parität ergibt das für $^1/_{100}$stel d Abweichung von der Parität für Schanghai 2,8 mm, für Hongkong 3,9 mm, während in beiden Fällen nur 1 mm genommen wurde. Bei einem Vergleich mit den übrigen asiatischen Wechselkursen muß man sich also die Abweichungskurven von Hongkong und Schanghai (Diagramm Nr. 21—24) um dies Maß vergrößert denken.

Aus dem bisher Gesagten ergibt sich, daß man beim Lesen der Diagramme Nr. 21—24 stets auch die Diagramme Nr. 13—20 gleichzeitig berücksichtigen muß, um den Charakter einer Schwankung kennen zu lernen. Es ist jedesmal festzustellen, wieweit es sich um Eigenbewegungen des Wechselkurses und wieweit um solche Änderungen im Paritätsabstand handelt, die auf ein Schwanken des Silberpreises, auf eine Änderung der Parität selbst zurückzuführen sind. Ganz allgemein kann gesagt werden, daß alle scharfen Spitzen und extremen Bewegungen in Diagramm Nr. 21—24 regelmäßig durch eine Veränderung der Parität, des Silberpreises, entstanden sind.

Der Hauptbewegung der chinesischen Wechselkurse braucht im einzelnen hier nicht nachgegangen zu werden, da es sich dabei um den Verlauf des Silberpreises handelt, die Bewegung mithin nicht das ist, was man unter Wechselkurs eigentlich versteht. Die sonst auf den Wechselkurs einwirkenden Faktoren, wie Zins, Gestaltung des Zahlungsverkehrs usw. stehen zu dieser größten Bewegung in keiner Beziehung. Wichtig ist jedoch der erwähnte Zusammenhang des Silberpreises mit der Weltkonjunktur und deren allgemeiner Preis- und Zinsentwicklung.

Aus den Diagrammen Nr. 21—24 ergibt sich ein Zusammenhang zwischen der Bewegung der Paritätsabweichung und der des Silberpreises, und zwar ist die eine Bewegung das genaue Spiegelbild der anderen. Geht die Silberlinie hinauf, so fällt die Linie der Paritätsabweichung und umgekehrt. Hält man die Diagramme der letzteren (Diagramm Nr. 21—24) mit dem Kopf nach unten und mit der Schrift gegen das Licht, so verlaufen die durchscheinenden Linien parallel zum Silberpreis. Die Parallelität besteht bei allen Schwankungen innerhalb kleinerer Zeitabschnitte, etwa innerhalb der einzelnen Monate; nur ganz geringe Ausnahmen zeigen sich hier, so für den März 1907. Für Schwankungen innerhalb größerer Fristen, etwa eines Quartals, ist der Zusammenhang ebenfalls gegeben, jedoch schon etwas abgeschwächter; so zeigt namentlich das 2. Quartal der Jahre 1907 und 1908 eine weitergehende Abweichung. Es ist klar, daß große Stellungsänderungen des Silberpreises, die sich im Laufe einer längeren Zeitspanne vollziehen, nicht von einer entsprechenden Änderung in der Paritätsstellung begleitet sein können, denn der Abweichung der Wechselkurse von der Parität sind Grenzen gezogen, dem Silberpreis nicht.

Diese augenscheinliche Parallelität kann nicht Zufall sein, man wird eine Gesetzmäßigkeit darin sehen dürfen, die dahin zu formulieren ist, daß der Wechselkurs das Bestreben hat, sich von den Bewegungen des Silberpreises frei zu halten, indem er entweder den Bewegungen gar nicht folgt, also stehen bleibt (die früher erwähnte Stetigkeit), oder indem er der Silberbewegung, wenn er sich ihr nicht entziehen kann, wenigstens nur zögernd folgt (die Bewegung also bremst). Die Erscheinung läßt sich gewissermaßen als natürliche Reaktion des Wechselkurses gegenüber den Schwankungen des Silberpreises ansprechen. Vergegenwärtigt man sich, was diese Neigung des Wechselkurses für die am chinesischen Fremdhandel Beteiligten bedeutet, so ergibt sich, daß deren Interesse an möglichster Stetigkeit des Wechselkurses durch die tatsächliche Gestaltung gewahrt wird. Sucht man nach Erklärungen für die Erscheinung, so wird man sie nur in wirtschaftlichen Vorgängen suchen dürfen, die sich auf ganz breiter Basis vollziehen, während denkbare Einzelmaßnahmen einer oder auch aller Banken, etwa zu dem Zwecke, dem Warenhandel einen stetigen Kurs zu verschaffen, nicht jahrelang eine solch weitgehende Wirkung auszuüben vermögen.

Die Erklärung ist in den Kursspekulationen zu sehen, die in der Umwandlung von Silberguthaben in Goldguthaben und umgekehrt zum Tageswechselkurs bestehen und die entsprechend der Meinung über den künftigen Verlauf des Silberpreises vorgenommen werden. Solche Geschäfte finden in großem Umfange und regelmäßig statt. „Stillhalter" sind die Fremdbanken, die sich ihrerseits durch entsprechende Silbertermingeschäfte in London glattstellen und grundsätzlich keine ungedeckten Silberpositionen unterhalten. Die Wirkung der Spekulation ist bei diesen Geschäften stets dem Verlauf des Silberpreises entgegengesetzt, sodaß sich so der spiegelbildartige Charakter der Erscheinung erklärt. Ein Hinweis auf die Kurswirkung dieser Geschäfte findet sich auch bei D u b o i s [1]), der für Silberwechselkurse

---

1) Ioseph Dubois, L'Empire de l'Argent. Étude sur la Chine financière, Paris (Guilmoto) 1906, Seite 5: „Un autre élément de détermination du change, en dehors du cours marchand du métal et de la cote du papier, est fourni par ce qu'on peut appeller la ‚tendance'. Les banquiers européens se montrent, en effet, plus ou moins empressés ou plus ou moins réservés à l'égard des espèces chinoises selon qu'ils croient prévoir une hausse ou une baisse prochaine du métal argent. Cet élément pour ainsi dire ‚psychologique' n'influe, en fait, que sur la cote change proprement dite à laquelle il s'incorpore, le taël brut restant immuable fixé à la valeur commerciale du

drei Elemente aufzählt: den Silberpreis, die Zahlungsbilanz und „la tendance", die Meinung von dem Fallen oder Steigen des Silberpreises. Die Wirkung der Spekulation wird aber nicht nur, wie D u b o i s meint, durch Umsätze in bar (espèces chinoises) ausgelöst, sondern in weit stärkerem Maße durch die nur buchmäßigen Umwandlungen der einen Währung in die andere.

Schließt man sich der D u b o i s 'schen Unterscheidung von drei Elementen der Silberwechselkurse an, so zeigen die Diagramme, daß neben dem Silberpreis und der Meinung über dessen künftigen Verlauf für das eigentliche Wechselkurselement, die Forderungen und Schulden Chinas im internationalen Verkehr, nicht viel Einfluß übrig bleibt, da die t. t. Kurse fast völlig im Bann der beiden ersten Faktoren zu stehen scheinen. Daß Zahlungsbilanzeinflüsse doch vorhanden sind, ergibt sich aus den später folgenden Ziffern des chinesischen Außenhandels.

Wie stark im übrigen die Wirkung der Kursspekulationen sein kann, zeigt die auffallendste Erscheinung der Diagramme, die große Stellungsänderung der t. t. Notizen nach dem Silberpreisfall im Herbst 1907. Bis zu diesem Zeitpunkt schwankt die Hongkong-Dollar-Linie dauernd um ihre Münzparität. Mit dem Einsetzen des Silberfalles vergrößert sich jedoch ihre Abweichung nach oben, sodaß die Differenz zu Beginn 1908 fast einen ganzen Penny ausmacht und bis zum Schluß der untersuchten Periode bestehen bleibt. Für Schanghai ist das Bild so: Im Jahre 1907, bis zum Silberpreisfall, steht der t. t. Kurs stets stark unter der Silberparität; von dem Preisfall ab steigt der Kurs dagegen bis zur und über die Silberparität; von Ende 1907 an bewegt er sich so, wie man es theoretisch erwarten sollte.

Die Erscheinung ist für beide Kurse einheitlich: sie stehen seit Ende 1907 relativ höher als vorher im Verhältnis zum Silberpreis. Faßt man die gezeichneten Linien als

métal. Il s'ensuit que l'écart existant entre le prix du taël argent et le prix du taël de banque, écart constitué d'une part, par la demande et l'offre en papier, et de l'autre, par la ‚tendance', est interprété par les commercants d'Extrême-Orient comme un très serieux indice des prix futurs du métal."

Darstellung von Bewegungen auf, so kann man, wie bereits erwähnt, den Verlauf der Wechselkurslinien als einen Bremsvorgang ansehen; die t. t. Linien versuchen sich gewissermaßen der allzuscharfen Bewegung der Silberlinie zu entziehen. Der Vergleich ist berechtigt, denn das wirtschaftliche Ergebnis der Kursgestaltung in jener Zeit besteht in einer Abschwächung des Silberfalls in den Wechselkursen oder durch die Wechselkurse.

Irgend eine besondere Erklärung dieser auffallenden Erscheinung konnte von den befragten, sachlich zuständigen Stellen in Schanghai, Hongkong, Amsterdam, London und Berlin nicht gegeben werden, man führt sie vielmehr lediglich auf die Formel von Angebot und Nachfrage zurück. Dazu paßt, daß maßgebende Bankberichte von drüben übereinstimmend erwähnen, der Silberpreis sei um $24^1/_2\%$ gefallen und „dementsprechend habe sich auch der Wechselkurs am Jahresende um 21% niedriger gestellt". Während aber die Berichte nach Erklärungen für den Silberrückgang suchen, scheint man die $3^1/_2\%$-Änderung in der Paritätsstellung der Wechselkurse nicht als anormale Entwicklung anzusehen, trotzdem die $3^1/_2\%$ soviel bedeuten wie eine Verschiebung der Frankenparität von ℳ 81.— auf ℳ 83,84 oder ℳ 78,16.

Wenn man will, kann man für die außerordentlich starke Paritätsverschiebung auch noch folgenden Grund mit heranziehen. Von Europa aus gesehen, bedeutet der Silberfall in 1907 eine rund 25% betragende Entwertung des in China investierten europäischen Kapitals. Wer mit seinem Gelde hieran beteiligt war, und in der Lage sind alle chinesischen Fremdbanken, hatte natürlich ein Interesse daran, das Fallen des Wechselkurses, soweit es irgend ging, zu verhindern; die Möglichkeit für ein derartiges Eingreifen ergibt sich aus der Organisation der chinesischen Wechselmärkte.

Die Verschiebung in der Paritätsstellung der Wechselkurse von 1907 dürfte damit in ihrer Ursache erklärt sein, nicht aber auch das exorbitant hohe Maß der Verschiebung, das die bei Metallverschiffungen entstehenden Spesen um ein Vielfaches überschreitet. Da ist zu beachten, daß die Paritätsstellung der Wechselkurse, so wie sie nach dem

Formular 8.

Jahr	Datum d. höchsten Silberpreises „ „ niedrigsten „	Silberpreis in London	Münzparität Shanghai in d	Shanghai t. t. an diesen Tagen in d	Shanghai t. t. unter (—) über (+) Silberparität + d	— d
1893	4. Mai	$38^{13}/_{16}$ d	45,87	46,38	0,51	
	30. Dezember	$31^{5}/_{8}$	37,37	37,37	0,0	0,0
1894	19. Januar	$31^{13}/_{16}$	37,61	37,75	0,14	
	3. März	27	31,93	31,88		0,05
1895	12. Oktober	$31^{5}/_{16}$	37,03	36,88		0,15
	17. Januar	$27^{3}/_{16}$	32,15	32,37	0,22	
1896	12. März	$31^{7}/_{16}$	37,18	37,06		0,12
	14. Oktober	$29^{3}/_{4}$	35,18	34,63		0.55
1897	4. Januar	$29^{13}/_{16}$	35,25	35,12		0,13
	2. September	$23^{3}/_{4}$	28,08	27,25		0,83
1898	19. Dezember	$27^{9}/_{16}$	32,59	32,82	0,23	
	4. März	25	29,56	29,37		0,19
1899	18. Dezember	$27^{5}/_{16}$	32,30	33,06	0,76	
	5. Oktober	$26^{5}/_{8}$	31,48	31,—		0,48
1900	24. Oktober	$30^{3}/_{16}$	35,62	35,25		0,37
	9. Februar	$27^{5}/_{16}$	32,30	32,—		0,30
1901	3. Januar	$29^{9}/_{16}$	34,96	34,50		0,46
	3. Dezember	$25^{1}/_{16}$	29,63	29,—		0,63
1902	4. Januar	$26^{1}/_{8}$	30,89	30,50		0,39
	28. November	$21^{11}/_{16}$	25,64	25,50		0,14
1903	20. Oktober	$28^{1}/_{2}$	33,70	31,50		2,20
	23. Januar	$21^{11}/_{16}$	25,64	25,75	0,11	
1904	31. Dezember	$28^{9}/_{16}$	33,77	33,13		0,64
	12. April	$24^{5}/_{8}$	29,12	27,88		1,24
1905	29. November	$30^{5}/_{16}$	35,85	35,25		0,60
	7. April	$25^{7}/_{16}$	30,08	30,25	0,17	
1906	19. November	$33^{1}/_{8}$	39,16	37,88		1,28
	12. März	29	34,29	33,63		0,66

Silbersturz sich ausgebildet hat, theoretisch als normal anzusehen ist, während sie vorher als ungewöhnlich gelten muß. Von 1908 ab schwankt der Schanghai-Tael-Kurs in mäßigen, noch näher zu untersuchenden Grenzen um seine Parität, während der ein Agio bedingende Dollar-Kurs Hongkongs um dieses Agio über dem Silberpari, im übrigen aber wie der Tael-Kurs schwankt. Bis Herbst 1907 standen beide Kurse dagegen weit unter Parität, auch der im Diagramm sich um die Silberlinie windende Dollarkurs wegen seines Agios. Zur Untersuchung der Paritätsstellung der chinesischen Wechselkurse während eines längeren Zeitraumes stehen nur die höchsten und niedrigsten Silberpreise und die dazu gehörigen t. t. Kurse Schanghais zur Verfügung. Durch Reduzierung der Silberpreise wurde die Differenz zwischen Parität und t. t. Kurs am Tage des höchsten und des niedrigsten Silberpreises in 100stel pence ermittelt und als Plus oder Minus in der vorstehenden Tabelle (Formular 8) eingetragen.

Wenn es sich auch bei diesen Ziffern jedesmal um die Silberpreisextreme der einzelnen Jahre handelt und hierbei, wie ausgeführt wurde, durch das Beharrungsvermögen des t. t. Kurses leicht und häufig eine Verdunklung der Paritätsstellung eintritt, so ist dennoch aus der Tabelle zu entnehmen, daß eine so große Verschiebung in der Paritätsstellung, wie sie 1907 stattfand, nichts Ungewöhnliches ist. Um genau das Vorsichgehen solcher Verschiebungen untersuchen zu können, müßte man für längere Jahre die genauen Jahresdurchschnitte der t. t. Kurse haben und mit den Durchschnittssilberpreisen vergleichen [1]).

Das aus den Diagrammen sich ergebende Streben des Wechselkurses, sich den Schwankungen des Silberpreises zu entziehen, bringt auch Licht in die nationalökonomische Frage des Einflusses von Valuta-Schwankungen auf den Außenhandel. Während nach Helfferich langsam sich vollziehende Schwankungen, selbst sehr großen Umfanges, keine Beeinflussung des Außenhandels herbeizuführen ver-

1) Die Durchschnittskurse des Haikuan-Taëls sind für eine derartige Untersuchung nicht brauchbar; siehe auch von Kries a. a. O. S. 111.

mögen, ist bei plötzlich einsetzenden scharfen Steigerungen oder Rückgängen der Valuta eine Einwirkung auf den Außenhandel denkbar. Ein Silberfall kann in diesem Sinne namentlich Importeinschränkungen, also Verminderung der Wechselnachfrage nach sich ziehen, während eine Vermehrung des Wechselangebots von der Seite des Exports her weniger durch eine Vermehrung der doch unabhängig davon gegebenen Exportquantitäten verursacht wird, als vielmehr dadurch, daß der Ertrag in Landessilber relativ vergrößert wird. Tatsächlich brachte der Herbst 1907 erhebliche Importeinschränkungen, während die theoretisch zu erwartende Besserstellung des Exports dadurch aufgehoben wurde, daß im Zusammenhang mit der Weltkrisis die chinesischen Exportartikel Preiseinbußen erlitten, die über die Valutaschwankung hinausgingen. Auch in der Folge gestaltete sich das Importgeschäft so schlecht, daß — wie es in einem Berichte heißt — in diesem Jahre große Mengen Silber von London nach China importiert werden mußten. Auf der anderen Seite aber dehnte sich das Exportgeschäft von Jahr zu Jahr aus, sowohl nach der Menge der Waren, als der Zahl der Artikel.

Die Verhältnisse des Jahres 1907 sprechen also, abgesehen von der Bedeutung der außergewöhnlichen Paritätsverschiebung, nicht gegen H e l f f e r i c h, es darf aber nicht übersehen werden, daß der Preisfall dieses Jahres einer der größten war, die das Silber bisher erlitten hat. Bei weniger krassen Preisveränderungen wird man aber nunmehr sagen dürfen, daß durch die Silberspekulationen die Preisbildung des regulären Warenhandels vor allzu plötzlichen Silberschwankungen im gewissen Umfange geschützt ist.

Zu erwähnen bleibt, daß die große Paritätsabweichung im Juli 1910 nach den Diagrammen gleichfalls als Reaktion auf die Silberbewegung anzusehen ist, trotzdem in diesem Monat eine tiefgehende Finanzkrisis in Schanghai eingetreten war; anscheinend hat man damals am Londoner Silbermarkt die Wirkung der Krisis überschätzt.

Die höchsten und niedrigsten t. t. Kurse in den untersuchten Jahren stellten sich auf:

		1907	1908	1909	1910
Hongkong	höchster	2/3$^{5}/_{16}$	1/11$^{1}/_{4}$	1/9$^{7}/_{8}$	1/10$^{3}/_{4}$
	niedrigster	1/9$^{1}/_{2}$	1/8	1/8$^{5}/_{8}$	1/8$^{9}/_{16}$
	Differenz	-/6$^{13}/_{16}$	-/3¼	-/1¼	-/2$^{3}{}_{16}$
	in % vom höchsten Kurs	24,9%	13,9%	5,7%	9,6%
Shanghai	höchster	3/1	2/7	2/5¼	2/6$^{11}/_{16}$
	niedrigster	2/5¾	2/2$^{3}/_{8}$	2/3¼	2/3½
	Differenz	-/7¼	-/4$^{5}/_{8}$	-/2	-/3$^{3}/_{16}$
	in % vom höchsten Kurs	19,6%	14,9%	6,6%	10,3%

An Jahresdurchschnittskursen waren nur diejenigen von Hongkong zu beschaffen; diese lauten:

	1907	1908	1909	1910
t. t. Jahresdurchschnitt	2/1¾	1/9$^{5}/_{8}$	1/9	1/9$^{9}/_{16}$
Prozentualer Rückgang gegenüber 1907	—	16,0%	18,5%	16,3%
t. t. Jahresdurchschnitt in pence umgewandelt	25,75	21,63	21.—	21,56 d
Münzparität z. durchschnittl. Londoner Silberpreis	25,45	20,55	20,03	20,92 „
t. t. über Silberparität	+0,30	+1,08	+0,97	+0,64 d

Die Durchschnittskurse für Schanghai mußten aus dem vorhandenen Zahlenmaterial berechnet werden. Ausgegangen wurde dabei von dem Abstand der beiden Paritäts-Abweichungslinien in Diagramm Nr. 21—24 von einander, weil dieser Abstand und weniger der Jahresdurchschnitt Schanghais von besonderem Interesse ist, die Berechnung sich einfacher gestaltete und, als wichtigster Grund, das häufige Fehlen namentlich extremer Kurse für die Feststellung des Abstandes geringere Bedeutung hat.

Im Jahresdurchschnitt betrug der Abstand der beiden Paritäts-Abweichungslinien in Diagrammen Nr. 21—24:

	1907	1908	1909	1910
in Millimeter	102	110	105	96

Davon bedeutet jedes Millimeter über der wagerechten Paritätslinie 0,01 d Abweichung von der Hongkong-Parität, jedes Millimeter unter der Linie 0,01 d Abweichung von der

Schanghai-Parität. Beide Werte sind untereinander verschieden und der Millimeterabstand muß zerlegt werden. Nach der Tabelle auf Seite 110 stand der t. t. Kurs in Hongkong über der Parität um

	1907	1908	1909	1910	
Pence bezw. Dezimeter	0,30	1,08	0,97	0,64	d
Gesamter Dezimeter (Pence)-Abstand	1,02	1,10	1,05	0,96	d
Mithin Schanghai unter Parität Dezimeter bezw. Pence	0,72	0,02	0,08	0,32	d
Abgezogen von der Münzparität Schanghai z. Londoner Silberpreis	35,70	28,82	28,08	29,34	d
Jahresdurchschnitt t. t. in Schanghai	34,98	28,80	28,00	29,02	d
oder	$2/10^{49}/_{50}$	$2/4^{4}/_{5}$	2/4	$2/5^{1}/_{50}$	d

Um das Agio der Hongkong-Dollar-Notiz in Prozenten auszurechnen, wurden folgende Proportionen aufgestellt und die Ergebnisse auf Prozente gebracht:

$$\underbrace{\left\{\begin{matrix}\text{Shanghai-}\\\text{Parität}\end{matrix}\right\} : \overbrace{\left\{\begin{matrix}\text{Hongkong-}\\\text{Parität}\end{matrix}\right\} = \left\{\begin{matrix}\text{Shanghai-}\\1{,}182\\\text{Fixzahl}\end{matrix}\right\}}^{\text{I.}} : \left\{\begin{matrix}\text{Hongkong-}\\0{,}843\\\text{Fixzahl}\end{matrix}\right\}}_{\text{I.}}$$

Die Multiplikation der inneren Glieder ist gleich derjenigen der äußeren, während die Gleichheit bei Einsetzung der Jahresdurchschnitts- t. t. Kurse nicht vorhanden ist:

$$\underbrace{\left\{\begin{matrix}\text{t. t. in}\\\text{Shanghai}\end{matrix}\right\} : \overbrace{\left\{\begin{matrix}\text{t. t. in}\\\text{Hongkong}\end{matrix}\right\} = 1{,}182}^{\text{II}} : 0{,}843}_{\text{III.}}$$

Auf die Zahlen von 1910 angewandt ergibt das z. B.:

$$\text{Paritäten d } \underbrace{29{,}34 : \overbrace{20{,}92 = 1{,}182}^{\text{I} = 24{,}72} : 0{,}843}_{\text{I} = 24{,}72}$$

$$\text{t. t. Durchschnitte d } \underbrace{29{,}02 : \overbrace{21{,}56 = 1{,}182}^{\text{II} = 25{,}48} : 0{,}843}_{\text{III} = 24{,}46}$$

Setzt man I = 100%, so ergeben sich folgende Sätze:

II. Umgewandelter Hongkong-Kurs	25,48 = 103,03%		
I. Vergleichsbasis Silberparität	24,73 = 100,— „	IV. Differenz	= 4,12 %
III. Umgewandelter Shanghai-Kurs	24,46 = 98,91 „		

Die relative Mehrbewertung der Hongkonger t. t. Notiz, das „Agio des Hongkong-Dollars", beträgt demnach für 1910 4,12% im Durchschnitt. Zu annähernd denselben Ziffern kommt man, wenn man ohne Umwandlung die Silberparität = 100% setzt und die Abweichung der Durchschnitts t. t.-Kurse dann darauf bezieht.

Im übrigen kann man nunmehr auch die Münzparität des Hongkong-Dollars um das Agio verschieben, um damit zu einer richtigen Beurteilung des Kurses zu kommen. So wie der Kurs in den Diagrammen, namentlich in Diagramm Nr. 21—24, sich zeigt, macht er den Eindruck, als ob er außerordentlich und dauernd günstig für Hongkong in den letzten Jahren gestanden, „das Angebot von Forderungen auf London bei weitem die Nachfrage überstiegen hätte". Verschiebt man dagegen die wagerechte Paritätslinie um das Agio, für 1910 z. B. um 4,12% von d 20,92 (Parität) = d 0,86 (Bezeichnung hierfür: V) oder im Diagramm um 86 mm nach oben, so ist das Bild wesentlich anders. Die Hongkong-Parität lautet nunmehr für 1910:

theoretische Parität	d 20,92	
+ Agio	„ —,86	
wirkliche Parität	d 21,78	(Bezeichnung hierfür VI)
./. t. t. Durchschnitt	„ 21,56	
t. t. unter Parität	d —,22,	also ähnlich wie in Shanghai.

Wichtig ist eine solche Berechnung zur Bestimmung der Silberimport- bezw. Exportpunkte.

Für die untersuchten Jahre stellen sich diese Zahlen wie folgt:

	1907	1908	1909	1910
II. Umgewandelter Hongkong t. t. Durchschnitt	30,44	25,57	24,82	25,48
I. Gleichnam. Silberparität	30,09	24,30	23,67	24,73
III. Umgewandelter Schanghai t. t. Durchschnitt	29,49	24,28	23,60	24,46
IV. Agio der Hongkong-Notiz	3,15%	5,30%	5,15%	4,12%
V. Paritätslinie f. Hongkong zu erhöhen um	80 m/m	109 m/m	103 m/m	86 m/m
VI. Hongkong Parität + Agio	26,25	21,64	21,06	21,78 d
./. t. t. Durchschnitt	25,75	21,63	21,—	21,56 „
t. t. Hongkong unter Parität	0,50	0,01	0,06	0,22 d

Letztere Zahlen sind mit denjenigen von Schanghai auf Seite 111 zu vergleichen; als Prozente auf die Silberparitäten bezogen, sind beide gleich.

Nach den Durchschnittskursen für telegraphische Auszahlung auf London waren in den Jahren

	1907	1908	1909	1910
100 Hongkong-Dollar =	73,61	75,10	75.—	74,26

Schanghai-Tael gegenüber 71,30 nach dem Silbergehalt [1]). Auch hierbei tritt die Überbewertung des Dollars, gewissermaßen sein Façonwert, in die Erscheinung. Im übrigen stellen die Ziffern die „Croßrate" Hongkong-Schanghai dar, die in den früher wiedergegebenen Kurszetteln beider Plätze als t. t. Kurs aufgeführt wird; Schanghai notiert den Kurs direkt, Hongkong indirekt.

Sieht man die Ziffern als Wertverhältnis zwischen gemünztem und ungemünztem Silber an, so liegt es nahe, den Kurs des mexikanischen Dollars damit zu vergleichen. Durch freundliches Entgegenkommen einer Kölner Firma stehen die Schanghaier Taelnotizen für 100 mex. Dollar seit Ende 1907 zur Verfügung. Es wurden danach hier die Jahresdurchschnitte berechnet, die sich wie folgt stellen:

---

1) Berechnet man die prozentuale Abweichung nach dem Silbergehalt, so ergibt sich ungefähr dasselbe Agio wie als Wert IV. ermittelt wurde; die Abweichung betrug

1907	1908	1909	1910
3,24%	5,33%	5,19%	4,15%

	1908	1909	1910
100 mexic. $ =	73,90	74,47	74,48 Schanghai-Tael
gegenüber	———	71,65	———

nach dem Silbergehalt, der Parität [1]) also.

Der Überwert gegenüber der Parität betrug

1908	1909	1910
3,14%	3,93%	3,95%

Die höchsten und niedrigsten Kurse waren:

	höchster	niedrigster Kurs
1907 (1/8—31/12)	76,7	72,—
1908	75,7	73.—
1909	76,6	73,1
1910	76,4	73,1

Der höchste erreichte Kurs von 76,7 im Dezember 1907 bedeutet ein Agio von 7,05% und erreicht damit die von Schmalenbach berechneten Beschaffungskosten von rund 7% bei einem Silberpreis von 25 d. Nach einer Mitteilung von berufener holländischer Seite hat das effektive Mexican-Dollar-Importgeschäft in den letzten 5—6 Jahren fast ganz nachgelassen.

Der Verlauf des Mexican-Dollar-Kurses zeigt periodische Schwankungen [2]). Der Kurs fällt zu Anfang des Jahres bis etwa Ende Februar, steigt dann bis Ende Mai, um nach einer abermaligen Abschwächung von Juli-August ab bis zum Jahresende sich wieder zu befestigen. Der November-Dezember zeigt den höchsten Stand. Diese Bewegung des Dollarkurses verläuft ähnlich wie der Zinsfuß (native interest) in Schanghai, sodaß hohe Zinssätze von hohen Dollarkursen, niedriger Zins von niedrigen Kursen begleitet

1) Die Parität ergibt sich aus der Kette von Schmalenbach (a. a. O.):

? Schanghai Tael	=	100 mex. $
1	=	27 g rauh
1000	=	902 $^{7}/_{9}$ g fein
0,0648	=	1 grain
584,85	=	1 Haikuan Tael
100	=	111,4 Schanghai Tael.
71,65 Schanghai Tael	=	100 mex. $.

2) Beobachtet in Diagrammen derselben Quelle wie die Kurse von August 1907 bis Juni 1912.

sind und damit zwei Wirkungen von Änderungen in der Kapitalnachfrage in Erscheinung treten: Änderung des Kapitalwertes (Zins) und des Zahlungsmittelwertes (Dollarkurs). Für den Verkehr bedeutet das, daß in Zeiten teuren Geldes die starke Nachfrage zweimal bezahlt werden muß, einmal als erhöhter Zins und weiter als erhöhter Preis für die Hergabe gemünzter Zahlungsmittel. In Zeiten großer Geldfülle liegen die Verhältnisse nicht einfach umgekehrt, etwa so, daß eine Art von Deport berechnet wird, sondern der niedrigste Dollarkurs steht noch immer beträchtlich über Parität, und unter den häufig notierten Zinssatz „nil", d. h. ohne Zinsvergütung, kann füglich nicht gegangen werden.

Hier seien die im wesentlichen zutreffenden Ausführungen Swobodas über den mexikanischen Dollar hinzugefügt: „Das Wertverhältnis des Dollars zum Tael schwankt in den Grenzen von 71 bis 78 Schanghai-Taels für 100 mex. $. Gewöhnlich gelten in Schanghai:

100 $ = 74 Schanghai-Taels,
also 1 „ = 74 Kandareens.

Der Preis fällt in der stillen Geschäftszeit und steigt, wenn der örtliche Bedarf wieder größere Nachfrage herbeiführt und auch fast regelmäßig zu der Zeit, wenn die Seidenausfuhr beginnt, weil diese Münzen zu dem Einkauf von Seide in den südlichen Provinzen verwandt werden."

Vergleicht man nunmehr die Jahresdurchschnitte des mexikanischen Dollars mit denjenigen der berechneten Croßrate Hongkong-Schanghai und ferner die beiderseitigen Agiosätze miteinander, so ergibt sich, daß zwischen beiden eine Übereinstimmung nicht besteht. Die ersteren Ziffern sind Sortenkurse, die mit der Gestaltung des internationalen Zahlungsverkehrs Chinas nichts zu tun haben, sondern anderen, lokalen Einflüssen unterliegen, während die Ziffern der Hongkong-Dollar-Notiz eine Croßrate darstellen.

Nach dem Eindruck, den die Diagramme Nr. 21—24 hervorrufen, verlaufen die t. t. Notizen in Hongkong und Schanghai parallel, die Croßrate müßte also gleich bleiben, während die Jahresdurchschnitte eine Verschiebung zeigen, die 1907 besonders groß war. Diese gegensätzliche Erscheinung, augenscheinliche Parallelität der Linien bei gleichzeitiger Verschiebung der Jahresdurchschnitte, ist nicht etwa auf den verschiedenen Maßstab zurückzuführen; eine vorgenommene diagrammatische Untersuchung der Millimeterabstände von t. t. Hongkong und t. t. Schanghai nach Monatsdurchschnitten ergab vielmehr, daß die Parallelität noch stärker sein würde, wenn beide Linien im gleichen Maßstab gezeichnet wären. Die trotzdem vorhandene Verschiebung im Jahresdurchschnitt dürfte auf die Änderungen im Silberwert und in der Paritätsstellung der t. t. Kurse zurückzuführen sein und sich nur allmählich vollziehen. Jedenfalls ist man aber berechtigt, zu sagen, daß die t. t. Kurse von Hongkong und Schanghai auf London paritätisch, Hongkong und Schanghai also trotz der politischen Grenzen als ein Wirtschaftsgebiet anzusehen sind. Dieser Meinung ist man auch drüben mit der Einschränkung, daß gelegentlich Störungen in der Parität eintreten können.

Nach Swoboda (13. Auflage) rechnet man in Hongkong selbst den Dollar als Münze gleich 72 Hongkong-Taels.

Die Edelmetall-Import- bezw. Exportpunkte sind bei Silberwechselkursen grundsätzlich nicht anders anzusehen, als bei Goldwechseln. Der Stand der Wechselkurse wird dann Edelmetallbewegungen verursachen können, wenn sich die Kurse um mehr als den Betrag der Spesen von der Parität entfernen. Daß dabei die Silberparität selbst schwankt, hat keine weitere Bedeutung, als daß mit ihr der ausmachende Betrag der Spesen und damit die Entfernung der „Silberpunkte" von der Parität gleichfalls dauernd schwankt. Als Prozentsatz der Parität schwanken die Spesen natürlich nicht mit dem Silberpreis. Ein Unterschied nicht grundsätzlicher Art gegenüber europäischen Goldwechselverhältnissen liegt in folgendem Umstande. Wenn schon hinsichtlich der viel gleichmäßigeren und einheitlicheren Verhältnisse europäischer Devisenmärkte Schmalenbach[1]) mit Recht darauf hinweisen konnte, daß es keinen bestimmten Goldpunkt gäbe, daß vielmehr die Spesen je nach den Verhältnissen des Arbitrageurs verschieden seien und daß man deshalb richtiger von möglichen Goldpunkten reden müßte, so gilt dies für die chinesischen Silberkurse in weit stärke-

1) Schmalenbach, Der Kurs des Pfund Sterling Wechsels, Zeitschrift f. handelsw. Forschung Bd. I.

rem Maße. Hier ist die Einheitlichkeit der Geschäftsbeziehungen und Geschäftsbedingungen innerhalb der beteiligten Banken nicht entfernt so groß, wie dies innerhalb der am europäischen Devisenhandel beteiligten Kreise der Fall ist, erstens weil allgemein die Organisation des Verkehrs in Europa vollkommener ist und zweitens in Europa das börsenmäßige Devisengeschäft nur auf große, erste Firmen beschränkt ist, während man in Ostasien auf der ganzen Linie, vom kleinsten Geldwechsler bis zur größten Bank unmittelbar am eigentlichen Devisenmarkt beteiligt ist. Wesentlich ist das z. B. für die Frage der möglichen Gewinnhöhe, die ihr Aussehen ändert, je nachdem man sie mit an exotische Gewinne gewöhnten Augen ansieht oder sie mit europäischen Maßstäben — Steigerung des ausmachenden Betrages durch Einsetzen großer Summen — mißt. Damit hängt zusammen, daß anscheinend für China das theoretische Wirtschaftsgesetz: „Überschreitung der Metallpunkte hat Metallbewegungen zur Folge", des zwingenden Charakters in weit stärkerem Maße entbehrt, als dies bereits für europäische Verhältnisse gilt. In der Regel werden in China Silbertransaktionen nicht gemacht, weil die Kurse es erlauben, sondern erst dann, wenn außerdem der Stand der Goldvaluten-Engagements der einzelnen Bank dies wünschenswert erscheinen läßt. Die nachstehenden Angaben sind demnach noch mehr als europäische Goldpunkte als Durchschnittsmöglichkeiten einer einzelnen Bank anzusehen. Im übrigen spricht man drüben nicht von Silberpunkten, sondern bezeichnenderweise von dem Handelspreis für Silber und meint damit den Londoner Silberpreis plus/minus Transportspesen.

In Schanghai rechnet man mit ca. $^5/_8$% für sämtliche Spesen, dazu „komme die gewöhnliche Marge zwischen An- und Verkauf im t. t. Kurs von $^1/_8$ d". Diese Sätze gelten nach beiden Richtungen, für Importe und Exporte. Die Parität stellte sich in Schanghai auf

	1907	1908	1909	1910
Münzparität	35,70	28,82	28,08	29,34
./. ($^5/_8$% + $^1/_8$ d)	0,35	0,31	0,30	0,31
Silberexportpunkt	35,35	28,51	27,78	29,03
t. t. Durchschnittskurs	34,98	28,80	28.—	29,02

Somit überschritt der t. t. Kurs 1907 im Durchschnitt den Silberexportpunkt um rund 1%, stand 1910 auf diesem Punkt, während in den beiden anderen Jahren diese Grenze nicht erreicht wurde. In den Diagrammen ist die Silberexport-Linie 30—35 mm unter Parität zu denken, wobei zu beachten ist, daß sie in Wirklichkeit wegen des veränderlichen ausmachenden Betrages von Tag zu Tag schwanken müßte.

Für Hongkong ist die Stellung der Silberpunkte dadurch etwas anders, daß der Dollar ein beträchtliches Agio genießt, welches einen Export überhaupt ausschließt. Dagegen würde, wenn sich etwa in London Hongkong-Dollars in beliebiger Menge zum Silberwert beschaffen ließen, die Differenz zwischen den Importspesen und dem Agio immer einen Nutzen von mehreren Prozent erlauben. In London sind aber Hongkong-Dollars, wenn überhaupt, dann nur zum Kurswerte zu haben, sodaß es nur der englischen Kolonialregierung, die die Geldmünze in Bombay schlagen läßt, möglich ist, das Agio auszunützen; dafür fallen ihr aber die Prägekosten und sonstige Spesen zur Last. Da, wie auf Seite 113 ff. ausgeführt wurde, das Agio in der Taelbewertung des Dollars ebenfalls zum Ausdruck kommt, so ist es auch auf dem Umwege über Barrentransporte nicht möglich, das Agio auszunützen. Im übrigen folgt aus diesen Verhältnissen, daß für Silbertransaktionen nur Barrensilber in Frage kommt. Zur Bestimmung der Silberpunkte kann man dabei nicht von der Münzparität des Dollars allein ausgehen, sondern man muß dessen Taelbewertung oder das Agio mit berücksichtigen. Bei einem Silberexport nach London ist unter Zugrundelegung der Durchschnittsziffern von 1910 folgendes zu erwägen:

100 $	= 74,26 Schanghai Taels
1 Sch. Tael bei 24,81 d Silberpr.	= 29,34 d Silberwert in London
29.34 × 74.26	= 2178,78 d Ertrag in London
abzüglich 1% Spesen	= 21,78 „

Hongkong t. t. 21,56 d = 1 $, mithin 2157.— d = ?

2157 : 21,56 = 100.04 $.

Mithin Verdienst auf 100 Dollars 4 Cent. Anschaulicher wird die Stellung der Silberpunkte, wenn man von der um das Agio erhöhten Parität, dem an früherer Stelle als VI bezeichneten Werte ausgeht. Von ihm sind die Spesen abzusetzen und das Ergebnis mit dem t. t. Kurs zu vergleichen.

Erhöhte Hongkong-Parität 1910	21,78 d
Minus 1% Spesen	0,22 d
ergibt	21,56 d
t. t. im Durchschnitt 1910	21,56 d

Unter Annahme dieses Spesensatzes stand demnach der Hongkong t. t. Kurs im Jahre 1910 durchschnittlich auf dem Silberexportpunkt. Das Mehr von 4 Cent auf 100 Dollars der ersten Berechnung kommt hier, wo es sich nur um 1 Dollar handelt, nicht zum Ausdruck.

Für die untersuchten Jahre stellen sich diese Ziffern auf:

	1907	1908	1909	1910
erhöhte Hongkong-Parität	26,25	21,64	21,06	21,78 d
./. 1% Spesen	0,26	0,22	0,21	0,22 „
„Silberexportpunkt"	25,99	21,42	20,85	21,56 „
t. t. Durchschnittskurs	25,75	21,63	21,—	21,56 „
Münzpari des $	25,45	20,55	20,03	20,92 „

Nach Angaben von drüben betragen die Spesen auf Silbergeschäfte ¾—1%.

Äußerlich betrachtet scheint der t. t. Kurs von Hongkong den Silber-Importpunkt um ein Mehrfaches zu überschreiten, während er sich tatsächlich in der Nähe des Exportpunktes bewegt. Im Diagramm Nr. 21—24 wird das deutlich, wenn man sich die Paritätslinie Hongkongs für jedes Jahr um das entsprechende Maß in die Höhe gehoben denkt, in dem man etwa einen Faden darüber legt.

Im übrigen ergibt sich aus den obigen Ziffern, daß die Stellung des Hongkonger t. t. Kurses zum Silberexportpunkt die gleiche war, wie in Schanghai. Vielleicht werden die Silberpunkte allgemein dadurch verschoben, daß das nach London gesandte Silber per Lieferung und nicht per Cassa in London verkauft wird. Der dauernd bestehende Mehrwert des Terminsilbers von $^1/_{16}$—¼ d würde die Spesen entsprechend ermäßigen.

Außerdem läßt sich der Zweck der chinesischen Silbertransaktionen auch durch die Versendung von Gold erreichen; tatsächlich finden dauernd Goldverschiffungen statt. Die Export- bezw. Importpunkte für Gold fallen ungefähr mit denjenigen für Silber zusammen, da letztere den Abstand der Kurse vom Goldwert der Geldeinheit, also auch den Kursabstand von dem Wert einer entsprechenden Goldmenge angeben, und da ferner die Spesen für Goldtransporte nicht wesentlich anders sind.

Zur Beurteilung der Wirtschaftslage in China während der Jahre 1907—1910 sei den bereits an anderer Stelle über die allgemeine Wirtschaftslage im Osten gemachten Ausführungen folgendes [1]) hinzugefügt.

Schon 1906, also vor Beginn der behandelten Periode, sind mancherlei ungünstige Ereignisse zu verzeichnen. Die Silberpreisbewegung vollzog sich in außerordentlichen und rasch wiederkehrenden Schwankungen, deren größte 12½ % betrug. In Hongkong wurde anfangs das Geschäft durch die im Süden Chinas durch eine Mißernte des Hauptnahrungsmittels Reis verursachte Hungersnot gelähmt; im September brachte ein Taifun dem Handel starken Abbruch, indem große Mengen beschädigter Güter auf dem Auktionswege den Markt für längere Zeit verdarben. Weiterhin brachten umfangreiche Kontrakte auf Garn und Baumwollwaren, die auf niedriger Silberbasis abgeschlossen waren und dazu einem flauen Markt begegneten, viele chinesische Händler zu Fall. Endlich drückte in immer stärkerem Maße die jede Grenze überschreitende Prägung von Kupferkäsch und Silberaushilfmünzen seitens der chinesichen Provinzialregierungen auf den gesamten Markt, während der Geldmangel in Europa mit einem ausnahmsweise leichten Geldstand in China zusammenfiel.

Das Jahr 1907 ist als eins der denkwürdigsten in der wirtschaftlichen Entwicklung zu bezeichnen. Es begann mit bedeutenden Lagerbeständen, die schwer Absatz fanden. Dazu kamen der unerwartet und plötzlich einsetzende Silbersturz von rund 25 % und die Weltkrisis. Unter dem ersteren Ereignis litt namentlich der Import, während gleichzeitig der Export durch die stockende Kaufkraft der amerikanischen und europäischen Märkte beeinträchtigt wurde. Für die bedeutendsten Exportartikel Chinas, wie Seide, Wolle, Kuhhäute und Ziegenfelle ergaben sich Preisrückgänge bis zu 40 %, also mehr, als der in Einzelfällen denkbare Gewinn aus dem Silberrückgang.

Das Jahr 1908 stand unter den Einwirkungen des Vorjahres. Das Geschäft litt unter Zahlungseinstellungen, einer mehr als unbefriedigenden Lage des Seidenmarktes und Krediteinschränkungen im Norden Chinas. Die weiter fortgesetzte Ausgabe ungeheurer Mengen unterwertiger Kupfermünzen und die Ausgabe erheblicher Papiergeldbeträge ohne entsprechende Barreserve seitens der chinesischen Banken erhöhten die Schwierigkeiten. Im Gegensatz dazu stand die

---

1) Nach den Geschäftsberichten der Hongkong and Schanghai Banking Corporation und denjenigen der Deutsch-Asiatischen Bank.

fortschreitende günstige Entwicklung des Exportgeschäfts, dessen Anwachsen die Einnahmen der chinesischen Seezoll-Verwaltung von 33,8 Millionen Haikuan Tael auf 34,8 Millionen steigerten.

Auch im folgenden Jahre 1909 setzte sich die Zunahme der chinesischen Ausfuhr fort; namentlich machten sich neue Ausfuhrartikel bemerkbar, wie Erdnüsse von Tsingtau, Soya-Bohnen von der Mandschurei, während der Umsatz in anderen Artikeln, z. B. Saaten von Hankow immer größeren Umsatz annahm. Das Importgeschäft zeigte dagegen noch keine durchgreifende Besserung; für einzelne Märkte hatte sich zwar die Lage günstiger gestaltet, die Vorräte in Manufakturwaren hatten etwas normaleren Umfang angenommen, aber auf anderen Gebieten stagnierte das Geschäft noch immer.

Das Jahr 1910 brachte endlich auch dem chinesichen Importgeschäft günstigere Bedingungen. Die großen Warenvorräte waren soweit reduziert, daß der Bestand sich in einzelnen Artikeln niedriger als seit 8 Jahren stellte. Die allgemeine Erholung verzögerte sich etwas durch eine Finanzkrisis, die im August auf dem chinesischen Geldmarkt in Schanghai einsetzte. Anscheinend auf die damalige ungewöhnliche Preissteigerung für Rohgummi hatte eine wilde Spekulation in Gummi-Aktien eingesetzt, die weite, mit dem Wesen derartiger Unternehmungen nicht vertraute Kreise ergriff. Durch den Zusammenbruch dieser Spekulation wurden umfangreiche, gegen Gummi-Aktien geleistete Vorschüsse notleidend, eine Anzahl der native-Banken geriet in Zahlungsschwierigkeiten und der Zahlungsverkehr kam ins Stocken. Sofort wurden seitens der chinesischen Behörden, der chinesischen Bankgilde und der Handelskammer die Hilfe der Fremdbanken angerufen. Letztere stellten dem Toatai von Schanghai insgesamt 6,5 Millionen Schanghai-Taels zur Verfügung, gegen die, von der Peckinger Zentral-Regierung genehmigt, zinstragende Obligationen zur Ausgabe gelangten, so daß das Schlimmste abgewendet wurde. (Im Diagramm deutet die starke Abbiegung der Kurslinien im August 1910 auf diese lokale Krisis hin; zu beachten ist, daß es sich dabei aber um eine Veränderung der Parität handelt.) Das Exportgeschäft wurde durch gute Ernten in seiner aufsteigenden Entwicklung weiter gestärkt.

Die Lage während der untersuchten Jahre läßt sich dahin zusammenfassen, daß durch den jähen Umschwung in 1907 die bereits seit 1905 latent vorhandene Depression voll zum Durchbruch kam, 1908 und 1909 weiter wirksam blieb und erst 1910 gesunderen Verhältnissen Platz machte. Dem entspricht in etwa die Paritätsstellung der Wechselkurse. Die außerordentlich günstige und gleichmäßig fortschreitende Entwicklung des Exports entspricht ebenfalls der Gestaltung der Wechselkurse, sodaß Import und Export parallel auf die Kurse wirkten.

Der Außenhandel Chinas von 1907—1910 geht aus der nachstehenden Tabelle hervor, wobei zu bemerken ist, daß Hongkong entsprechend seiner politischen Stellung in der Statistik als Ausland angesehen wird. Wirtschaftlich ist es als ein Teil Chinas zu betrachten; der chinesische Verkehr nach und von Hongkong ist demnach auf die anderen in der Tabelle genannten Länder im wesentlichen zu verteilen. Mangels einer amtlichen Statistik war der Eigenverkehr Hongkongs nicht festzustellen [1]).

Chinas Außenhandel in Millionen Haikuan-Tael [2]).

Einfuhr abzügl. Wiederausfuhr	1907	1908	1909	1910
Von				
Hongkong	154	148	148	167
Großbritannien	77	71	68	71
Deutschland	16	14	15	21
Japan	55	50	58	74
Britisch-Indien	32	30	40	43
Verein. Staaten von Nordamerika	35	41	32	24
Gesamt-Netto-Einfuhr	416	395	418	463
Gesamt-Ausfuhr	264	277	339	381
Davon nach				
Hongkong	92	92	97	109
Großbritannien	12	13	20	19
Deutschland	6	7	8	13
Japan	39	37	52	62
Verein. Staaten von Nordamerika	27	24	32	32
Frankreich	31	32	39	39
Rußland und Russisch-Asien	16	30	40	45

1) Über die Mängel der chinesischen Statistik siehe ausführlich Schumacher, Die chinesischen Vertragshäfen, ihre wirtschaftliche Stellung und Bedeutung. Conrads Jahrbücher, III. Folge, 16. Band, 1898, Seite 745 f. Ferner von Kries, a. a. O.

2) Nach Returns of trade and trade reports of the Inspectorate General of customs 1910, Schanghai 1911.

Danach verhielt sich Gesamteinfuhr zur Gesamtausfuhr

	1907	1908	1909	1910
wie 100 zu	63	70	81	82
Schanghai t. t. unter Parität	0,72 d	0,02 d	0,08 d	0,32 d

Über die Edelmetallbewegung geben folgende Ziffern Auskunft.

Gold und Silber zusammen.

Mill. Haikuan-Tael	1907	1908	1909	1910
Gesamt-Einfuhr	15	22	32	48
Gesamt-Ausfuhr	44	45	32	27
Mehr-Ausfuhr — / Mehr-Einfuhr +	—29	—23	± 0	+21

Der Anteil, den England an diesem Verkehr hat, stellt sich nach Statistical abstract of United Kingdom wie folgt; bei einem Vergleich sind die Beträge nach den unten angegebenen Werten des Haikuan-Taels umzurechnen:

Edelmetallverkehr Chinas mit England in 1000 £.

	1907	1908	1909	1910
Goldeinfuhr v. England	—	—	0,0	1
Silbereinfuhr v. „	559	822	3133	1349
Goldausfuhr n. „	50	2	88	—
Silberausfuhr n. „	377	—	—	18
Wert des Haikuan-Tael	3/3	2/8	2/7 $^{3}/_{16}$	2/8$^{5}/_{16}$

Die Ziffern des Silberverkehrs mit England stimmen in ihrer Bewegung nach der Ausfuhr in etwa mit der Bewegung in der Paritätsstellung der Wechselkurse überein. Zu beachten sind daneben die großen Importe von England, die vor sich gegangen sind, ohne daß die Wechselkurse entsprechend über Pari gestanden und ohne daß die Importspesen aus der Wechselkursdifferenz hätten gedeckt werden können. Nach „The China Year-Book 1912" [1]) verteilte sich die chinesische Edelmetallbewegung auf folgende Länder:

1) The China Year-Book 1912 von H. T. Montague Bell, B. A. und H. G. W. Woodhead, M. J. I., London, George Rontledge & Sons.

Chinas Edelmetallbewegung 1907—1910 in 1000 Haiknan Tael.

	1907		1908		1909		1910	
Import von	Gold	Silber	Gold	Silber	Gold	Silber	Gold	Silber
Europa	1 144	392	—	4063	—	10 313	—	14 799
Amerika	79	157	37	2691	—	4 335	—	4 868
Indien	—	34	—	—	—	1 388	—	4 772
Hongkong und Makao	43	5 989	143	12 583	94	13 441	202	17 974
Japan einschl. Korea und Formosa	6 992	451	1 335	504	876	1 033	3 358	1 469
Total-Import	8 274	7 070	1 514	20 117	1 014	30 864	3 559	44 599
„ Export	5 824	38 278	13 032	32 383	7 835	24 024	4 536	22 804
davon nach								
Europa	4 740	3 027	11 246	1 962	5 531	1 413	4 154	138
Amerika	—	0	4	60	—	50	—	117
Indien	21	10 479	0,8	1 005	—	1 676	—	5 149
Straits Settlements	—	220	25	343	—	607	—	8
Hongkong und Makao	299	23 863	374	26 427	187	20 770	55	16 801
Japan einschl. Korea und Formosa	757	541	981	1 844	2 291	320	326	192

Zur Untersuchung der Frage, inwieweit Zinseinflüsse auf die chinesischen Wechselkurse eingewirkt haben, stehen nur die erwähnten native interest-Sätze vom April 1908 an zur Verfügung, die von einer deutschen Firma in Schanghai durch vielfältige, dankenswerte Vermittlung beschafft werden konnten. Bei dem Mangel jeglicher Statistik — „weil zu unwesentlich" — waren weitere Ziffern trotz vieler Mühe nicht zu erlangen. Zu den native interest ist zu bemerken, daß sie nur für den Verkehr zwischen den Chinesen und den chinesischen Banken in Frage kommen, daß sie trotz der Veröffentlichung keine bindende Wirkung haben, und daß vielmehr die chinesischen Banken gewöhnlich mehr als veröffentlicht zuzüglich einer hohen Kommission berechnen. Für den hier verfolgten Zweck dürften die Ziffern trotzdem ausreichen, da es dabei weniger auf die absolute Höhe als auf die Bewegung der Sätze ankommt und diese durch die Fehlermöglichkeiten, weil dauernd vorhanden, nicht verdunkelt wird. Auch von den für den Verkehr der Fremden untereinander geltenden Sätzen dürften sich die native interest hinsichtlich ihrer Bewegung nicht wesentlich unterscheiden, denn wenn nach Schumacher [1]) die Chinesen es verstehen, auf die europäischen Wechselkurse einen maßgebenden Einfluß auszuüben, so wird dies bei der Zinsgestaltung noch stärker der Fall sein.

Die von drüben in mace und candareen pro 1000 Tael und einen Tag gemachten Angaben wurden für jeden Tag in Prozente pro Jahr umgerechnet, die Differenz gegenüber dem Londoner Marktsatz des betreffenden Tages ermittelt und als über (+) bezw. unter (—) London in die Diagramme eingetragen.

Die Jahresdurchschnittsberechnung der chinesischen Sätze ergibt für die Jahre

	1907	1908	1909	1910
native interest in Schanghai	—	4,75%	3,63%	4,38%
Gegenüber London	4,53%	2,31%	2,31%	3,18%
Schanghai über London	—	+2,44%	+1,32%	+1,20%
Schanghai t. t. unter Parität	0,72 d	0,02 d	0,08 d	0,32 d

1) Schumacher, Die Organisation des Fremdhandels in China, S. 271: 'Selbst auf die Wechselkurse mit Europa und Amerika hat die chinesische Kaufmannschaft — wie mir ein maßgebender Geschäftsmann Schanghais versicherte — zum mindesten ebenso viel Einfluß wie die fremde.'

Dabei ist zu bemerken, daß 1908 zu hoch erscheint, weil das meistens billige Sätze aufweisende erste Quartal in der Durchschnittsberechnung fehlt; die Differenz von 2,44% ist demnach in Wirklichkeit vermutlich kleiner. 1907 dürfte die Differenz Schanghai über London nur klein gewesen sein, denn im Gegensatz zu dem hohen Londoner Durchschnittszins von 4,53% ist in keinem vorliegenden Bericht von besonders teurem Gelde in China die Rede, 1906 war sogar das Gegenteil der Fall. Schließt man sich dem an, so erscheint eine geringe Übereinstimmung zwischen Paristellung des Wechselkurses und Zinsdifferenz gegeben. Auch im einzelnen kann man aus dem Diagramm einen gleichmäßigen Verlauf von Wechselkurs und Zinsdifferenz herauslesen, aber nur für so kurze Strecken, daß man nicht sagen darf, die beiden Linien seien grundsätzlich von einander abhängig.

Periodisch auftretende Wechselkursschwankungen sind in China nicht bekannt; auch aus den Diagrammen läßt sich nichts derartiges herauslesen. Als regelmäßig wiederkehrende Operation kennt man nur die Finanzierung der Seiden- und Tee-Ernte, ohne daß dies in den Wechselkursen auf Europa seinen Ausdruck fände.

6. Der Unterschied zwischen Mark- und pence-Notiz in Asien.

Wie früher ausgeführt, sind die in den Diagrammen gezeichneten t. t. Kurse der verschiedenen asiatischen Plätze auf Deutschland keine Originale, sondern Umrechnungen, die durch Behandlung der pence-t. t. Notizen mit einer Croßrate in Berlin entstanden sind. Dabei ist anscheinend ein Kurs benutzt worden, der sich etwas höher als der Berliner Scheckkurs auf London stellt. In der Regel sind die pence-t. t.-Kurse aller fünf asiatischen Plätze zum gleichen Satze umgerechnet worden, nur ganz vereinzelt zeigen die Diagramme, daß ein Platz anders behandelt worden ist. Da nun an keinem Platze Asiens eine auf Angebot und Nachfrage gestellte Preisbildung für Markwechsel vor sich geht, vielmehr überall deren Wert durch Umrechnung der pence-Notiz zum deutsch-englischen Wechselkurs festgestellt wird, so dürften die tatsächlich drüben in Geltung gewesenen Markkurse nicht viel anders gelautet haben, als die Diagramme zeigen. Vielleicht hat dauernd eine gleichbleibende Differenz dadurch bestanden, daß man drüben stets einen höheren oder niedrigeren Satz als in Berlin angewandt hat. Auch insofern waren die Kurse vielleicht anders, als nicht anzunehmen ist, daß man den pence-t. t.-Satz Monate hindurch auf derselben Preisstufe stehen ließ und den viel geringere Bedeutung besitzenden Mark-t. t.-Satz fast täglich änderte, wie das in Berlin entsprechend dem deutsch-englischen Wechselkurse geschehen ist.

Diese Verhältnisse, die Deutschland ziemlich zu vernachlässigen scheinen, drängen die Frage auf, wie wohl die Mark-Notiz ausgefallen sein würde, wenn eine wirkliche Preisbildung für Mark-Wechsel vor sich gegangen wäre. So wie die Dinge bis jetzt liegen, kann man die Mark-Notiz überhaupt nicht als Wechselkurs im gewöhnlichen Sinne ansprechen; es ist gewissermaßen ein Verrechnungspreis, der sich aber nach außerhalb der Sache liegenden Verhältnissen, nach den Zahlungsbilanzen England/Asien und England/Deutschland richtet, dem Verhältnis Asien/Deutschland anscheinend also nicht gerecht wird. Das kann für den deutsch-asiatischen Zahlungsverkehr allgemein ausgedrückt günstig, ungünstig oder gleichgültig sein, günstig, wenn z. B. pence-t. t. und Berlin-London in der Nähe der Parität stehen und gleichzeitig das Forderungsverhältnis zwischen Deutschland und Asien einen extremen Kurs bedingen würde, ungünstig im umgekehrten Falle und gleichgültig, wenn nirgends Extreme vorliegen.

An dieser Stelle muß nun auf ein Ergebnis der Wechselkursuntersuchung von Schär[1]) eingegangen werden, das durch die Technik der hier beigefügten Diagramme besonders deutlich geworden ist. Schär hat die Wechselkurse einer Reihe von Plätzen, wie schon früher erwähnt, gleichnamig und dadurch unmittelbar vergleichbar gemacht und kommt durch eine Untersuchung der Ziffern zu folgendem Ergebnis: „Hieraus ergibt sich die hochinteressante Tatsache, daß die internationalen Wechselkurse sich im Gleichgewicht

---

1) Schär, Zahlungsbilanz und Diskont, Berlin o. J. (Sept. 1908).

befinden; denn sobald dieses Gleichgewicht gestört ist, hat die Arbitrage eine lohnende Operation, die erst aufhört, wenn das Gleichgewicht wieder hergestellt ist" Mit anderen Worten und auf die Plätze Berlin-London-Paris angewandt heißt das, daß — abgesehen von Spesen — es gleich ist, ob man von Berlin nach London bezw. Paris direkt oder auf dem Umwege über Paris bezw. London zahlt, direkt wie indirekt muß derselbe Markbetrag aufgewandt werden. Steht z. B. der Frankenkurs in Berlin hoch, der Pfundkurs niedrig, so liegt die Korrektur in der Croßrate London-Paris. Das gilt nicht nur für einzelne Tage, sondern dauernd, wie die Schär'schen Kurszusammenstellungen zeigen. Nach der Tabelle auf S. 64 des Schär'schen Buches stellen sich die Wechselkurse der verschiedenen Länder im Durchschnitt des Jahres 1907 so, daß es bis auf 0,0001—0,0002 der Parität gleichgültig ist, ob man nach irgend einem Platze direkt oder über einen oder[1]) mehrere, anscheinend billigere Plätze bezahlt.

Wie bereits früher (S. 37) geschehen, kann man das Ergebnis der Untersuchung von Schär folgendermaßen formulieren: „Je zwei Wechselkurse eines Platzes können nur um den Kursunterschied zwischen den bezogenen Plätzen differieren." Der Satz gilt, wie auch der Satz von der Parität der Gegenkurse[2]), nur für bereits festgestellte Kurse und enthebt den Warenhandel, dem nur diese Kurse zur Verfügung stehen, von jeder Arbitragerechnung. Während der Börsenpreisbildung sind natürlich für die unmittelbar Beteiligten Zweiplatz- und Mehrplatzarbitragen möglich. Die Börsenarbitrage greift aber nicht, wie Schär sagt, ein, um ein gestörtes Gleichgewicht wieder herzustellen, sondern sie sorgt dauernd dafür, daß bei der Notierung das Gleichgewicht vorhanden ist.

Wendet man das Ergebnis auf den deutsch-asiatischen Zahlungsverkehr an, so würde, wenn eine wirkliche Preisbildung für Mark-Wechsel stattgefunden hätte, die Mark-

---

1) Zu ähnlichem Ergebnisse kommt Schmidt, Die Wechselkurse Argentiniens, Zeitschr. f. Handelswissenschaft und Handelspraxis, 1909.

2) Mahlberg, Der Kurs des Frankenwechsels, Zeitschr. f. Handelswissenschaftl. Forschung, Bd. III.

t. t.-Notiz, der direkte Weg also, stets soviel gekostet haben, wie der indirekte Weg von Asien über London nach Berlin. Ob der indirekte Weg und damit auch die Mark-Notiz sich dann so gestaltet haben würde, wie die Diagramme ausweisen, ist damit natürlich nicht gesagt. Wahrscheinlich ist jedoch, daß sich die Kursverhältnisse nicht wesentlich geändert haben würden, denn der Anteil der Mark-Wechsel am Zahlungsverkehr Asiens dürfte zu klein sein, um die pence-Notiz und noch viel weniger den Scheckkurs Berlin-London stark von ihren Bahnen abzulenken, und das wäre nötig, um andere Mark-Kurse möglich zu machen. In Kalkutta wird der Anteil der Markwechsel auf 1 % der Pfundwechsel geschätzt; weitere Angaben konnten nirgends gemacht werden, einen Anhalt bieten in beschränktem Maße die Außenhandelsziffern.

Die deutsch-asiatischen Wechselkurse würden somit stets im Einklang mit dem Berlin-Londoner Scheckkurs und den asiatischen pence-Notizen stehen; günstige wie ungünstige Entwicklungen auf einer der beiden Strecken des indirekten Weges würde auf den direkten Weg gleichfalls einwirken und umgekehrt. Kämen dazu etwa noch Paris oder New-York als in Asien selbständig notierte Plätze, so hätte deren Kursgestaltung dieselbe Wirkung, bezw. die Entwicklung der Kurse müßte sich außerdem auch noch nach diesen Plätzen richten. Jeder deutsche Wechselkurs wird also von allem Günstigen und Ungünstigen aller deutschen Kurse und von den besonderen Verhältnissen des bezogenen Platzes beeinflußt, wobei für letzteren dasselbe gilt. Damit kommt man zu dem Begriff des Einheitswechselkurses für jede Volkswirtschaft, den manche Nationalökonomen schon länger als gegeben erachten [1]. Der Begriff sagt, daß jeder bei seinen internationalen Beziehungen soviel erhält oder bezahlen muß, wie nach dem Stande der gesamten „Zahlungsbilanz" des eigenen Landes und dem Einheitskurs des anderen Landes angemessen ist; extreme Verhältnisse nach einer Einzelrichtung können sich nicht oder nur sehr abgeschwächt durchsetzen. Das Verdienst für diese Wirtschaftsorganisation gebührt der Börsenarbitrage.

1) So Wiedenfeld in seinen Vorlesungen an der Handels-Hochschule Cöln.

Der Einheitswechselkurs läßt sich weder berechnen noch sonst darstellen; das von Schär gezogene arithmetische Mittel der wichtigeren deutschen Wechselkurse reicht nicht aus, wie gerade das hier behandelte Beispiel zeigt.

Dagegen lassen die Silberwechselkurse eine Art Einheitskurs deutlich werden. Wie auf S. 36 festgestellt wurde, ist der Abstand der verschiedenen t. t. Notizen von der zugehörigen Parität stets gleich; die pence-t. t. Notiz steht dauernd so weit von der pence-Silberparität wie die Mark-t. t. Notiz von der Mark-Silberparität, während absolut genommen die beiden t. t. Notizen um die Croßrate auseinanderfallen. Würde der relative Paritätsabstand nicht gleich und in derselben Richtung sein, etwa pence+1 d und Mark — 12 Pfg., so hätte die Arbitrage eine bequeme Gewinnmöglichkeit. In dem für alle Länder gleich großen Abstand der Wechselkurse eines Silberlandes von den entsprechenden Paritäten kann man also eine Art von Einheitskurs sehen.

Wie im übrigen der Einfluß von Diskontdifferenzen sich in das System des Einheitskurses einpaßt, müßte noch näher untersucht werden.

7. Die kurz-lang-Spannung im asiatischen Verkehr.

Bei einer Untersuchung der asiatischen Wechselkurse interessiert auch der Verlauf der langen Sichten, wobei es hauptsächlich auf deren Abstand von den kurzen Sichten ankommt. Für eine Untersuchung dieses Verhältnisses waren die Kurse der Deutsch-Asiatischen Bank nicht brauchbar, da lange Sichten von ihr nicht veröffentlicht werden. Es wurden deshalb hier die Kurse der Hongkong & Shanghai Banking Corporation für das Jahr 1910 herangezogen [1]), und zwar sowohl in langer wie in kurzer Sicht, um in beiden Fällen Kurse derselben Bank zu haben. Im einzelnen handelte es sich dabei um folgende Sichten:

Singapur	t. t. und 3	Monate	Sicht
Yokohama	t. t. und 4	„	„
Hongkong	t. t. und 4	„	„
Schanghai	t. t. und 4	„	„

---

1) Quelle: Hamburger Nachrichten und Hamburger Correspondent, Jahrgang 1910.

Für Indien finden sich auch hier nur die t. t. Kurse von Bombay und Kalkutta.

Da die t. t. Kurse Verkaufsraten, die Sichtkurse dagegen Ankaufsraten sind, so enthält der Unterschied zwischen beiden Sichten nicht nur die Zinsvergütung für die spätere Fälligkeit der langen Sichten, sondern es liegt darin die bereits erwähnte Marge zwischen Ankaufs- und Verkaufskursen. Die Marge wird gewöhnlich mit rund $^1/_8$ d angenommen; sie wurde bei der Berechnung nicht ausgeschaltet, sodaß die errechneten Sätze sämtlich zu hoch sind.

Der Fehler beträgt in runden Zahlen für Singapur 1,4%, Yokohama 1,3%, Hongkong 1,4% und Schanghai 1,1%.

Die Differenz zwischen t. t. und 3 bezw. 4 M/S. wurde in der Weise in Jahresprozente umgewandelt, daß bei den beiden ersten Plätzen die Parität, bei den chinesischen Plätzen der Jahresdurchschnittskurs als Kapital angesetzt wurde. Das Jahr ist dabei nach englischer Methode zu 365 Tagen gerechnet. Als Posttage zur Berechnung der langen Sichten sind üblich [1]): Singapur 23, Yokohama 16, Hongkong 30, Schanghai 20 und Kalkutta 20 Tage.

Die hierbei gewonnenen Jahresprozentsätze wurden mit dem Londoner Marktdiskont und den Zinssätzen verglichen, die von den einzelnen asiatischen Plätzen beschafft werden konnten. Dies sind der Wechseldiskont der Bank von Japan, der Satz für tägliche Überziehungen erstklassiger Firmen in Singapur und die erwähnten native interest in Schanghai. Von Hongkong war kein Zinssatz zu beschaffen. Der Verlauf der umgerechneten Differenz kurz-lang sowie der verschiedenen Zinssätze ergibt sich aus Diagramm Nr. 25—28. Beim Lesen des Diagramms ist zu beachten, daß die Diffe-

---

1) Zum Vergleiche seien hier die Laufzeiten für Briefe von Berlin nach dem Osten aus der amtlichen Leittabelle für August 1912 angegeben. Die Laufzeit beträgt nach:

Schanghai	13—14 Tage	via Sibirien [1])	30—33 Tage	Suezkanal
Hongkong	18—20 „		26—30 „	
Yokohama	14 „ [2])		26—28 „	über Amerika
Singapur			21—23 „	Suezkanal
Kalkutta			13—17 „	

1) Abfahrt der Züge ab Berlin: Montags, Dienstags, Donnerstags, Samstags.

2) Kürzeste Beförderungsdauer.

renz kurz-lang um das oben angegebene Maß zu vermindern ist.

Das Ergebnis des Diagramms ist folgendes: Die kurz-lang-Differenzen der verschiedenen Plätze zeigen eine weitgehende Gleichmäßigkeit sowohl hinsichtlich ihrer Höhe wie ihrer Bewegung. Das Aufhören der Übereinstimmung für kurze Zeiträume an einem oder dem anderen Platze stellt sich als eine Ausnahme dar, die sich am stärksten bei den Silberkursen bemerkbar macht und für letztere auf die häufigeren, durch die Silberpreisbewegung hervorgerufenen Veränderungen dieser Kurse zurückzuführen sein dürfte. Da sämtliche Kurse von der Hongkong & Shanghai Banking Corporation herrühren, so kann man aus der Gleichmäßigkeit der Spannung schließen, daß die Bank bei der Berechnung oder Preisfestsetzung der langen Sichten für alle in Betracht kommenden asiatischen Plätze denselben Satz als Grundlage benutzt bezw. von ihren Filialen benutzen läßt. Die gemeinschaftliche Grundlage dürfte, schon aus betriebstechnischen Gründen, in dem Londoner Marktdiskont gegeben sein, der, wie aus den verschiedenen Kurszetteln hervorgeht, täglich nach dem Osten gelangt. Hinzuzutreten scheinen als mitbestimmend die Geldverhältnisse an den einzelnen Plätzen, während für sich allein weder der Londoner noch die betreffenden asiatischen Sätze ausschlaggebend sind. Im allgemeinen ist man drüben der Ansicht, daß der Wertunterschied zwischen t. t. und Sichtwechseln nach dem Londoner bezw. Berliner oder Pariser Privatdiskont zu bemessen sei, ohne daß jedoch dieser Maßstab genau angewandt werde; jede Bank folge darin ihrer eigenen Ansicht über die Gestaltung des Diskontmarktes. Bei der Vorherrschaft der Hongkong & Shanghai Banking Corporation wird sich vermutlich diese eigene Ansicht nicht sehr weit von den in dem Diagramm wiedergegebenen Sätzen der genannten Bank entfernen.

In runden Ziffern handelt es sich dabei um einen Zinsfuß, der zwischen 4—5%, bezw. nach Abrechnung der erwähnten Marge zwischen 3—4% schwankte. Demgegenüber betrug im Jahresdurchschnitt der

Londoner Marktsatz	3,18%
Bank von England	3,72%

Berliner Privatdiskont	3,54%
Reichsbankdiskont	4,35%
Bank von Japan	5,17%
Singapur f. Überziehungen	5,0 %
Native Interest Schanghai	4,38%

Wenngleich es nicht angeht, für die asiatischen kurz-lang-Spannungen irgend eine Gesetzmäßigkeit herauszufinden, weil, wie schon früher gesagt, die Preisbildung der langen Wechsel am meisten des Marktcharakters entbehrt und damit noch stärker als die der telegraphischen Auszahlung der Willkür unterworfen ist, so steht doch soviel fest, daß auch hier nicht der „ausländische" Diskontsatz mechanisch als Maßstab gebraucht wird. Sieht man die hier untersuchten Kurse als einseitige Preisfestsetzungen einer Bank an, die sich lediglich nach ihren privatwirtschaftlichen Interessen richtet, so ist es klar, daß diese Bank den „ausländischen" Satz nur dann anwendet, wenn er ihr Rechnung läßt und die eigenen Geldbestände dazu passen. Daß es allgemeinwirtschaftlich nicht viel anders ist, ergab sich in gewissem Umfange bereits früher aus der Untersuchung des Frankenkurses [1]), doch bedarf das damalige Ergebnis der Richtigstellung. In dieser Untersuchung war angeführt worden, daß lange Pariser Sicht in Berlin um den französischen Privatdiskont zuzüglich der Zinsspannung zwischen Deutschland und Frankreich billiger sei als kurz Paris, daß also nicht stets der ausländische Privatsatz maßgebend sei, sondern der inländische dann, wenn der inländische Satz der höhere sei. Die Zweifel, die Schmalenbach damals in einer Anmerkung geltend machte, stellen sich als berechtigt heraus, da der Satz nur bedingte Gültigkeit hat, und zwar dann aufhört, wirksam zu sein, wenn der Wechselkurs an sich niedrig ist.

Ein Beispiel mag dies näher erläutern. Wenn Paris 3%, Berlin 4% für Diskonten rechnet, dann wird man in Berlin geneigt sein, bei Geldbeschaffungen Ziehungen auf Pariser Freunde zu dem nur um 3% p. a. vom kurzen Kurs entfernten Satze zu begeben, anstatt für deutsche Wechsel

---

1) Mahlberg a. a. O.

einen Abzug von 4% p. a. zu erleiden [1]). Das vergrößerte Angebot langer Wechsel wird deren Kurs solange drücken, bis die kurz-lang-Spannung dem deutschen Privatsatz entspricht. Da für diese Valuten bei Verfall Deckung zu beschaffen ist, so werden solche Geschäfte — abgesehen von allen Spesen und von Termineindeckungsmöglichkeiten — nur dann Rechnung lassen, wenn bis zur Fälligkeit der kurze Kurs sich entweder auf derselben Höhe gehalten hat oder gefallen ist, da ein Kursaufgeld den Gewinn aufwiegen oder gar überschreiten kann. Mithin wird man bei niedrigem Wechselkurs, der ein baldiges Steigen wahrscheinlich macht, auf derartige Geschäfte verzichten, der geschilderte Einfluß auf den langen Kurs tritt nicht ein, die kurz-lang-Spannung richtet sich nach dem ausländischen Diskont.

Für diese Fassung des Satzes kann das Diagramm [2]) des Frankenkurses der Jahre 1904—1907 nunmehr als ein voller Beweis gelten. Bei hohem Kursstand zeigt die Abweichung der Berliner kurz-lang-Spannung vom französischen Privatdiskont deutlich den Zusammenhang mit der deutsch-französischen Zinsdifferenz, mit dem höheren deutschen Privatdiskont also. Sobald der französische Wechselkurs dagegen niedrig steht, hört der Zusammenhang sogleich auf. Letzteres zeigt sich am deutlichsten in der zweiten Hälfte des Jahres 1904, wo der Frankenkurs selbst fast dauernd in der Nähe der Parität sich bewegte. Trotz eines höheren deutschen Diskonts folgt die kurz-lang-Spannung dennoch dem Pariser Satz. —

Man kann das Ergebnis so formulieren: „Die Differenz zwischen kurzer und langer Sicht richtet sich nach dem ausländischen Privatdiskont; ist der inländische Privatdiskont mindestens um das Valutarisiko höher, so richtet sich die Differenz nach dem inländischen Diskontsatz." Unter Benutzung der von Suntych [3]) aufgestellten Formeln läßt sich das Valutarisiko hierbei auf

1) Über Umfang und Technik dieser und ähnlicher Geschäfte siehe Suntych, Technik der Wechselpensionen, Zeitschr. f. handelswissenschaftl. Forschung, Bd. VI., und Prion, Das deutsche Wechseldiskontgeschäft, Schmollers Forschungen Heft 127.

2) Ebenda S. 410, Diagramm II.

3) a. a. O

$$400 \frac{Go - Sch.}{P}$$

beziffern, wobei, dreimonatliche Laufzeit vorausgesetzt,

Go = oberer Goldpunkt,

Sch = Scheckkurs bei Begebung des langen Wechsels,

P = Parität

ist. Sobald also der inländische Privatsatz um $400 \frac{Go - Sch.}{P}$ höher steht als der ausländische, hört letzterer auf, die Spannung kurz-lang zu bestimmen.

Hinsichtlich des asiatischen Verkehrs bleiben noch die Wechselzinsverhältnisse in der umgekehrten Richtung für Ziehungen von Europa nach Asien zu erörtern.

Man rechnet von hier nach drüben mit ganz runden Zinssätzen, die in längeren Zeitabschnitten von den europäischen Filialen der Überseebanken durch Zirkular der Kundschaft mitgeteilt werden, wobei die Hongkong & Shanghai Banking Corporation ausschlaggebend ist. Im allgemeinen beträgt der Satz 6%; benutzt wird er im geschäftlichen Verkehr in der früher erwähnten Zinsklausel der europäischen Tratten auf den Osten. Der Zinssatz, beruhend auf Übereinkommen der am östlichen Verkehr beteiligten Banken und hauptsächlich den Intentionen der Hongkong & Shanghai Banking Corporation entsprechend, kann keinen besonderen Anspruch auf Angemessenheit erheben, besonders da er für verschiedene asiatische Plätze gilt und dazu nicht häufig genug festgesetzt wird, jedoch dürfte für den regulären Warenhandel ein solch summarisches Verfahren vollauf genügen. Für größere Geschäfte nach dem Osten gibt der Satz eine schlechte Kalkulationsbasis ab. Vielleicht läßt sich praktisch eine bessere finden, indem man vom jeweiligen Londoner Marktsatz ausgeht und für die einzelnen Plätze einen entsprechenden Zuschlag berechnet, dessen Höhe sich in etwa aus den hier gegebenen Diagrammen schätzen läßt.

III. Schlußbemerkungen.

Der allgemeine Charakter der untersuchten asiatischen Wechselkurse läßt sich dahin zusammenfassen, daß von den sonst auf die Wechselkurse Wirkung ausübenden Faktoren die internationale Zinsdifferenz an Einfluß wesentlich eingeschränkter erscheint, als man dies bei europäischen Kursen gewohnt ist, und daß statt dessen das Verhältnis von Import zu Export bei der Kursgestaltung im Vordergrund steht. Daraus darf man schließen, daß hier die kreditwirtschaftliche Verflechtung auch relativ geringer und daher das Drängen nach tatsächlicher Ausgleichung der internationalen Schuldverhältnisse stärker ist als etwa im deutsch-englischen Verkehr, der, wie die Untersuchungen Schmalenbachs[1]) dargetan haben, die Forderungen hüben und drüben so sehr nach dem Zins bewertet, daß Wechselkurs und Zinsdifferenzlinie fast parallel verlaufen. Zu dem Drängen nach tatsächlicher Ausgleichung paßt auch der größere Anteil, den die Edelmetallbewegung vom Gesamtverkehr Asiens ausmacht. Hierher gehört auch der Umstand, daß die Banken, die den Kurs machen, ganz regelmäßig hüben und drüben mit eigenen Niederlassungen vertreten sind; an sich müßte daraus eine relativ stärkere Berücksichtigung von Zinsdifferenzen folgen, aber es scheint, daß durch das Prinzip des Selbstgenügens das Drängen nach tatsächlicher Ausgleichung verstärkt wird.

Eine andere gemeinsame Besonderheit der asiatischen Kurse ist darin zu sehen, daß vielfach die freie Preisbildung beeinträchtigt erscheint. In Indien, den Straits und in Japan sind es die Regierungen, die in dieser oder jener Weise auf den Kurs einwirken, auf der ganzen Linie aber wirken die aus der Kleinheit und der völlig privaten Organisation des Wechselmarktes folgenden Mängel, die das richtige Funktionieren der Preisbildung gefährden. Namentlich sagt man der Hongkong & Shanghai Banking Corporation nach, daß sie in der Lage sei, die Kurse ihrem Interesse entsprechend zu beeinflussen, und daß sie von dieser Möglichkeit auch

1) Schmalenbach, Der Kurs des Pfund Sterling Wechsels, Zeitschr. f. Handelswissenschaftl. Forschung, Bd. 1.

ausgiebigen Gebrauch mache. Die Mittel zu entscheidendem Eingreifen auf dem Wechselmarkt stehen der Bank neben ihrem Kapital von 15 Mill. $ und ihrem Reservefonds von 31 Mill. $ in dem Notenrecht und den fremden Geldern zur Verfügung, die sich nach der Bilanz vom 30. Juni 1911 auf 156 Mill. $ Kreditoren in laufender Rechnung und 116 Mill. $ feste Depositen, beides Gold- und Silberkonten zusammengerechnet, beliefen. Die Deutsch-Asiatische Bank kann demgegenüber nur $7^1/_2$ Mill. Schanghai-Taels Kapital, $1^1/_2$ Mill. Taels Reserven und rund 40 Mill. Taels Kreditoren für 1910 aufführen.

Eine Untersuchung darüber, ob etwa die Kurse der beiden genannten Banken größere Verschiedenheiten aufweisen, führte zu folgendem Ergebnis: Die sämtlichen t. t. Kurse des Jahres 1910 stimmten im großen und ganzen überein, Differenzen bestanden in

Kalkutta	an	einzelnen	Tagen	von	1/32 d
Hongkong	„	„	„	„	1/16 „
Schanghai	„	„	„	„	1/16—3/16 d
Yokohama	„	„	„	„	1/16 d
Singapur	„	„	„	„	1/32—1/8 d.

Dagegen ergab sich für die Deutsch-Asiatische Bank im Gegensatz zur Hongkong & Shanghai Banking Corporation, daß die von der ersteren herrührenden Kursnotizen sehr häufig, mitunter mehrere Tage in der Berliner Börsenzeitung fehlten, und zwar vielfach gerade dann, wenn in der Zwischenzeit größere Kursveränderungen vor sich gegangen waren.

Als für unsere nationalen Wirtschaftsinteressen wichtige Erscheinung ist endlich das außerordentliche Überwiegen der englischen Valuta zu beachten, neben der sich die Markwährung und der direkte deutsch-asiatische Zahlungsverkehr im asiatischen Geschäft noch sehr stark, jedenfalls stärker im Hintertreffen befindet, als es das Verhältnis der Warenumsätze angemessen erscheinen läßt. Das mag man bedauern, ohne jedoch hierin durch irgendeine bewußt vorgenommene Maßnahme auf einmal eine Änderung herbeiführen zu können. Der Errichtung eines, bei der mangelhaften Preisbildung vielleicht sehr nützlichen Marktes asiatischer Wechsel in Deutschland steht nach Ansicht von Beteiligten namentlich der Umstand entgegen, daß „ein börsenmäßiger Verkehr in asiatischen Wechseln deshalb nicht in Frage kommt, weil der Wechselverkehr nach und von dem Osten auf der Basis von Warenverschiffungen erfolgt, deren Gegenwert von der Zahlung des Wechsels bis zu seiner Einlösung in den Händen der betreffenden Bank verbleibt".

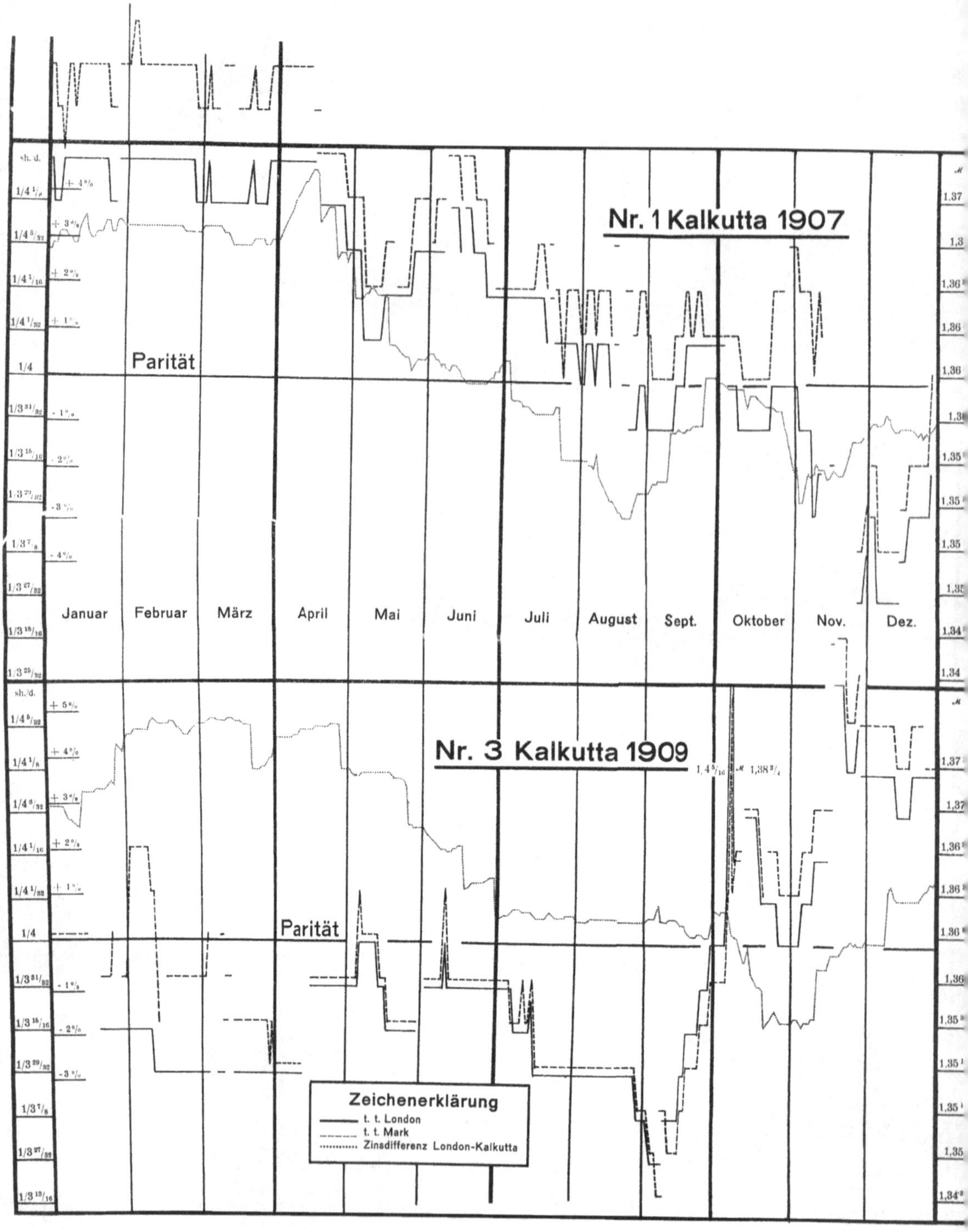
Nr. 1 Kalkutta 1907
Nr. 3 Kalkutta 1909
Parität
Januar
Februar
März
April
Mai
Juni
Juli
August
Sept.
Oktober
Nov.
Dez.
Zeichenerklärung
t. t. London
t. t. Mark
Zinsdifferenz London-Kalkutta
sh. d.
1/4
+ 4 %
+ 3 %
+ 2 %
+ 1 %
- 1 %
- 2 %
- 3 %
- 4 %
+ 5 %

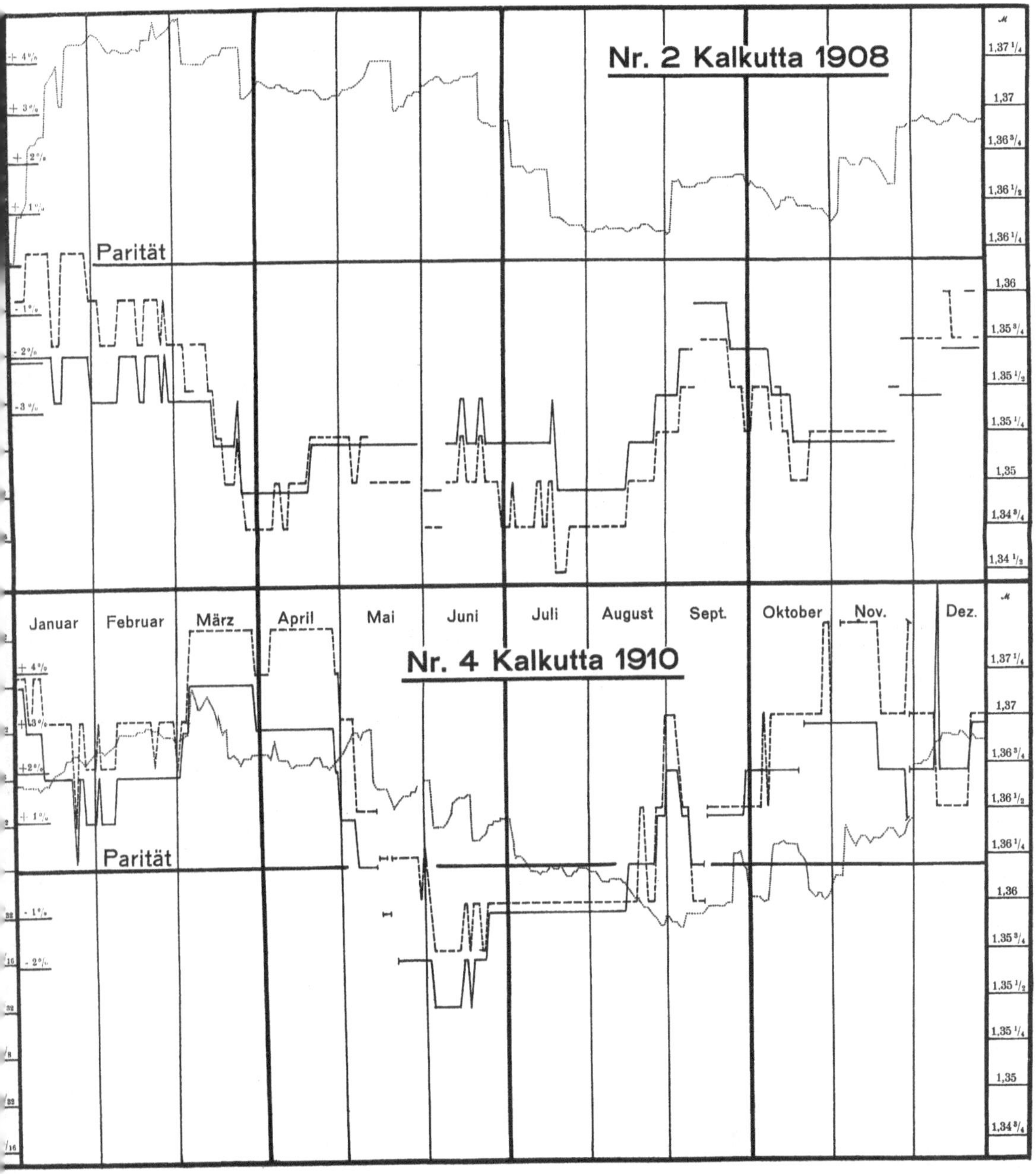
Nr. 2 Kalkutta 1908
Nr. 4 Kalkutta 1910
Parität
Parität
Januar
Februar
März
April
Mai
Juni
Juli
August
Sept.
Oktober
Nov.
Dez.
+ 4 %
+ 3 %
+ 2 %
+ 1 %
- 1 %
- 2 %
- 3 %
ℳ
1,37 1/4
1,37
1,36 3/4
1,36 1/2
1,36 1/4
1,36
1,35 3/4
1,35 1/2
1,35 1/4
1,35
1,34 3/4
1,34 1/2

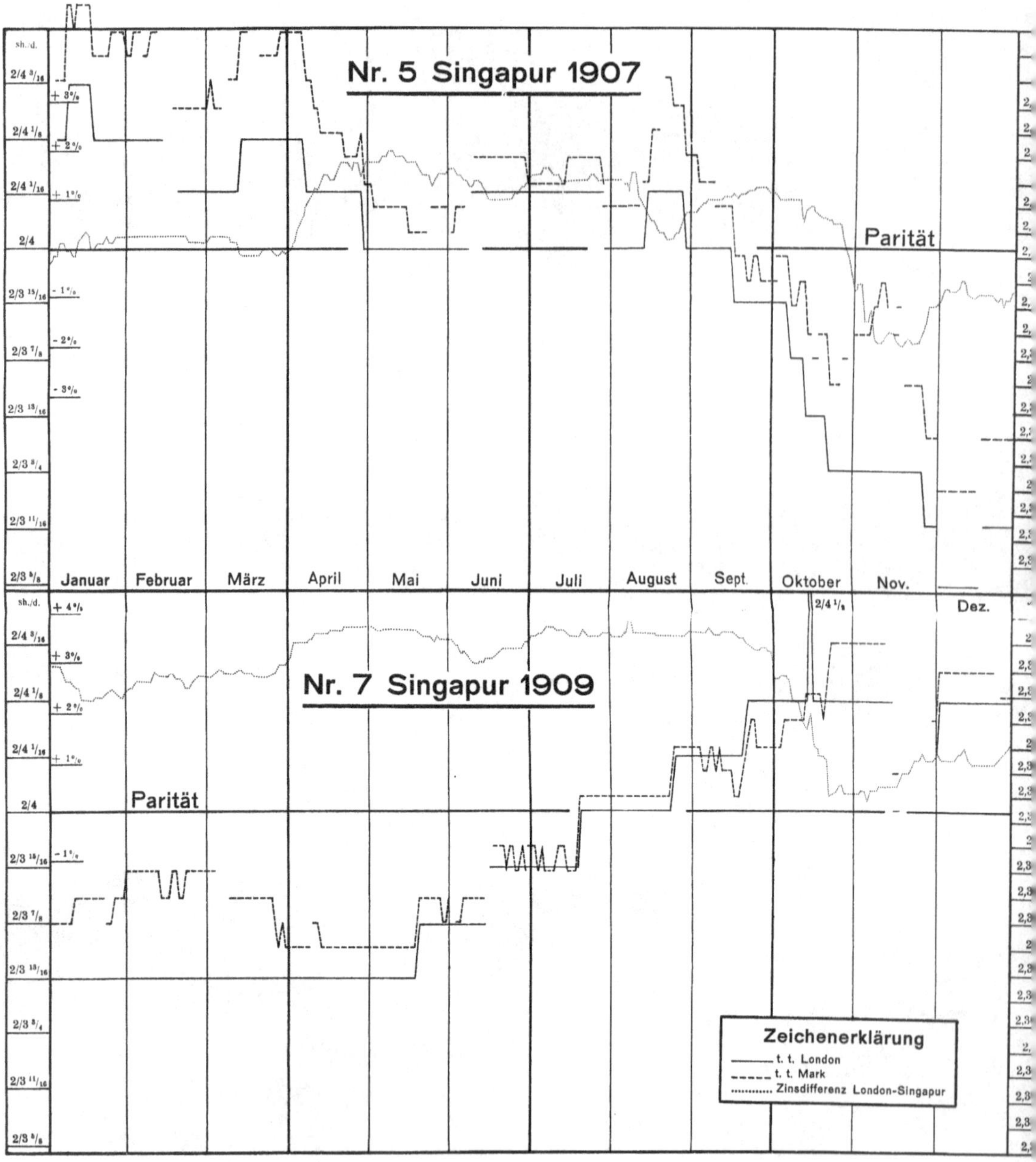
Nr. 5 Singapur 1907
sh./d.
2/4 3/16
2/4 1/8
2/4 1/16
2/4
2/3 15/16
2/3 7/8
2/3 13/16
2/3 3/4
2/3 11/16
2/3 5/8
+ 3%
+ 2%
+ 1%
- 1%
- 2%
- 3%
Parität
Januar
Februar
März
April
Mai
Juni
Juli
August
Sept.
Oktober
Nov.
Dez.
Nr. 7 Singapur 1909
sh./d.
2/4 3/16
2/4 1/8
2/4 1/16
2/4
2/3 15/16
2/3 7/8
2/3 13/16
2/3 3/4
2/3 11/16
2/3 5/8
+ 4%
+ 3%
+ 2%
+ 1%
- 1%
2/4 1/8
Parität
Zeichenerklärung
t. t. London
t. t. Mark
Zinsdifferenz London-Singapur

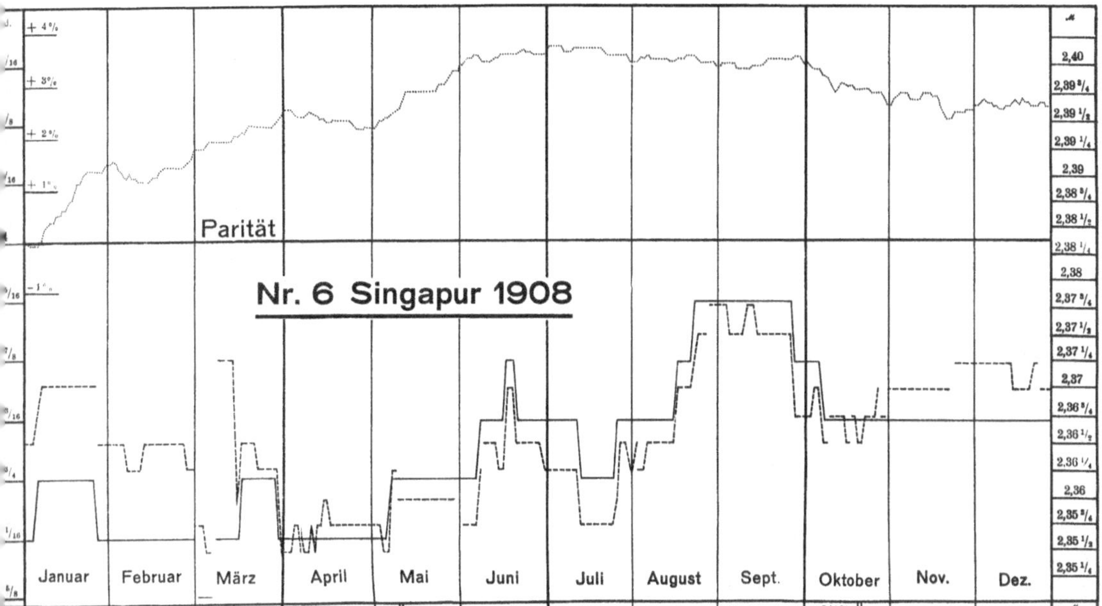
Nr. 6 Singapur 1908
Parität
+ 4%
+ 3%
+ 2%
+ 1%
- 1%
Januar
Februar
März
April
Mai
Juni
Juli
August
Sept.
Oktober
Nov.
Dez.
ℳ
2,40
2,39 3/4
2,39 1/2
2,39 1/4
2,39
2,38 3/4
2,38 1/2
2,38 1/4
2,38
2,37 3/4
2,37 1/2
2,37 1/4
2,37
2,36 3/4
2,36 1/2
2,36 1/4
2,36
2,35 3/4
2,35 1/2
2,35 1/4

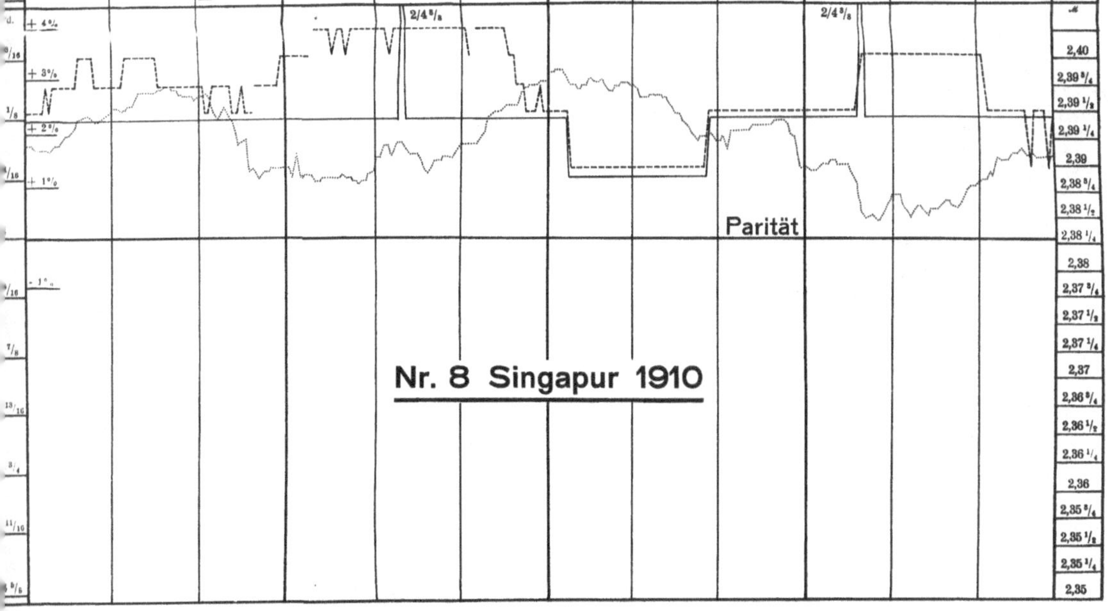
Nr. 8 Singapur 1910
Parität
2/4 3/8
2/4 3/8
+ 4%
+ 3%
+ 2%
+ 1%
- 1%
ℳ
2,40
2,39 3/4
2,39 1/2
2,39 1/4
2,39
2,38 3/4
2,38 1/2
2,38 1/4
2,38
2,37 3/4
2,37 1/2
2,37 1/4
2,37
2,36 3/4
2,36 1/2
2,36 1/4
2,36
2,35 3/4
2,35 1/2
2,35 1/4
2,35

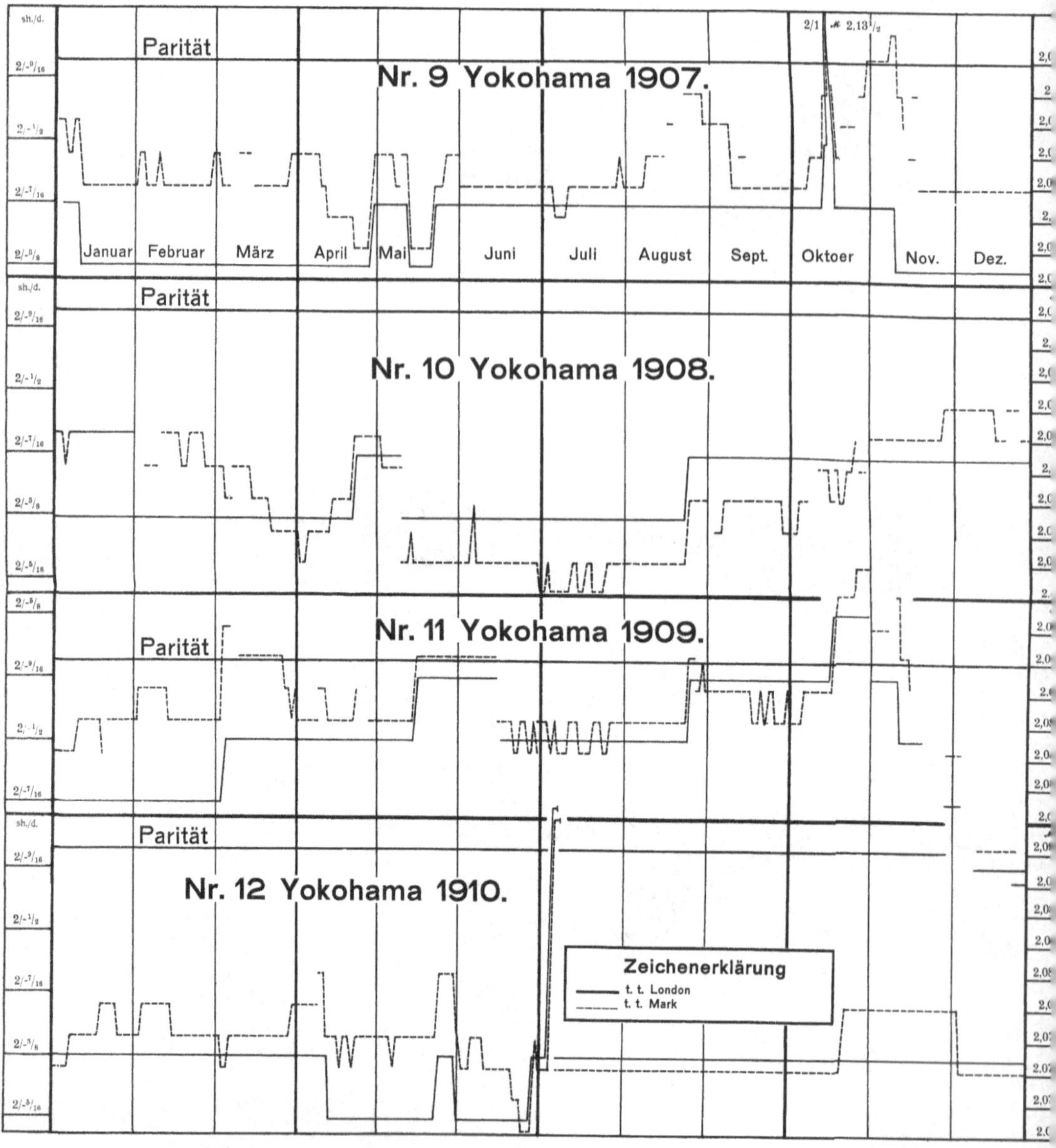
Nr. 9 Yokohama 1907.
Nr. 10 Yokohama 1908.
Nr. 11 Yokohama 1909.
Nr. 12 Yokohama 1910.
Parität
sh./d.
Januar
Februar
März
April
Mai
Juni
Juli
August
Sept.
Oktoer
Nov.
Dez.
2/1 ℳ 2.13½
Zeichenerklärung
t. t. London
t. t. Mark

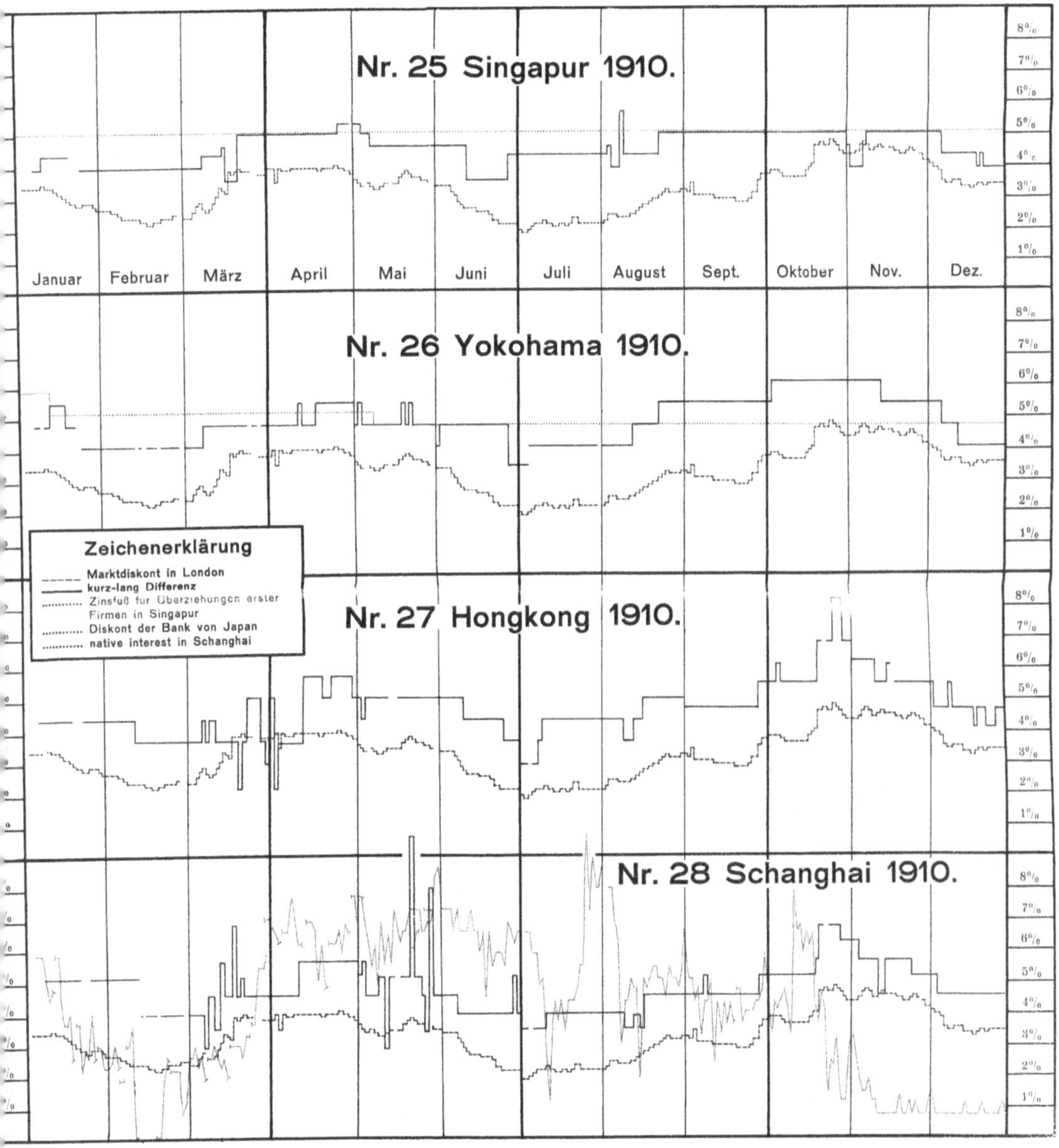

Nr. 25 Singapur 1910.
Nr. 26 Yokohama 1910.
Nr. 27 Hongkong 1910.
Nr. 28 Schanghai 1910.
Januar
Februar
März
April
Mai
Juni
Juli
August
Sept.
Oktober
Nov.
Dez.
8%
7%
6%
5%
4%
3%
2%
1%
Zeichenerklärung
Marktdiskont in London
kurz-lang Differenz
Zinsfuß für Überziehungen erster Firmen in Singapur
Diskont der Bank von Japan
native interest in Schanghai

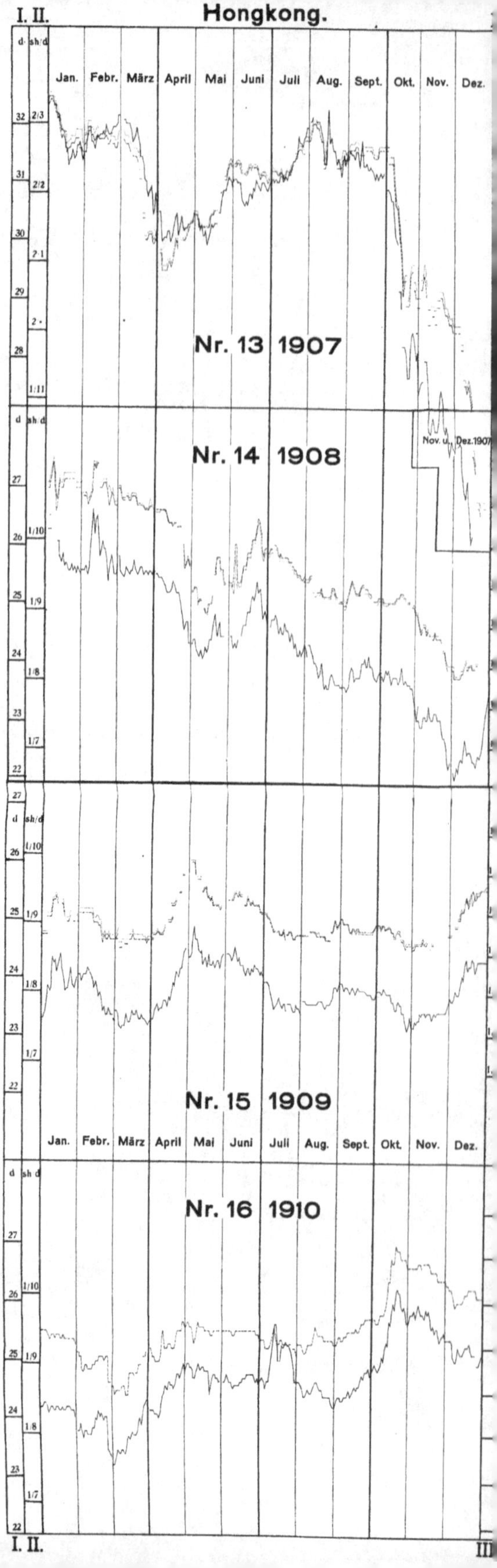
I. II.
Hongkong.
Jan.
Febr.
März
April
Mai
Juni
Juli
Aug.
Sept.
Okt.
Nov.
Dez.
Nr. 13 1907
Nr. 14 1908
Nov. u. Dez. 1907
Nr. 15 1909
Nr. 16 1910
d
sh/d
32
31
30
29
28
27
26
25
24
23
22
2/3
2/2
2/1
2/-
1/11
1/10
1/9
1/8
1/7
I. II.
III

Schanghai.

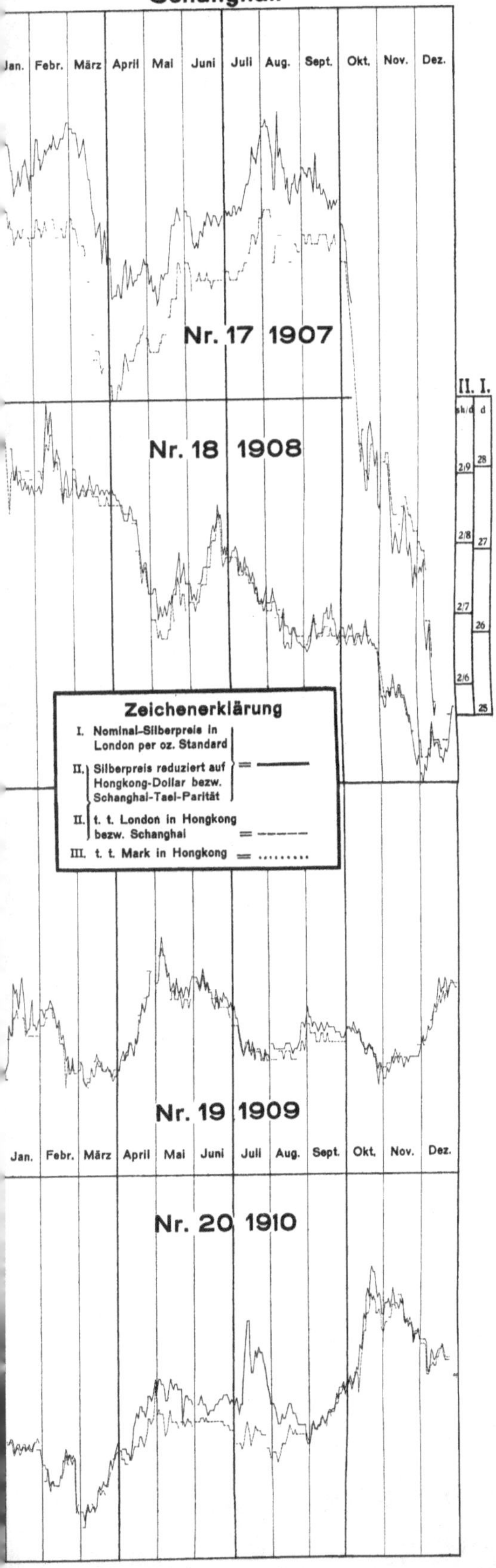

Jan. Febr. März April Mai Juni Juli Aug. Sept. Okt. Nov. Dez.
Nr. 17 1907
Nr. 18 1908
II. I.
sh/d d
2/9 28
2/8 27
2/7 26
2/6 25
Zeichenerklärung
I. Nominal-Silberpreis in London per oz. Standard
II. Silberpreis reduziert auf Hongkong-Dollar bezw. Schanghai-Tael-Parität
II. t. t. London in Hongkong bezw. Schanghai
III. t. t. Mark in Hongkong
Nr. 19 1909
Nr. 20 1910

Abweichungen der chinesischen W

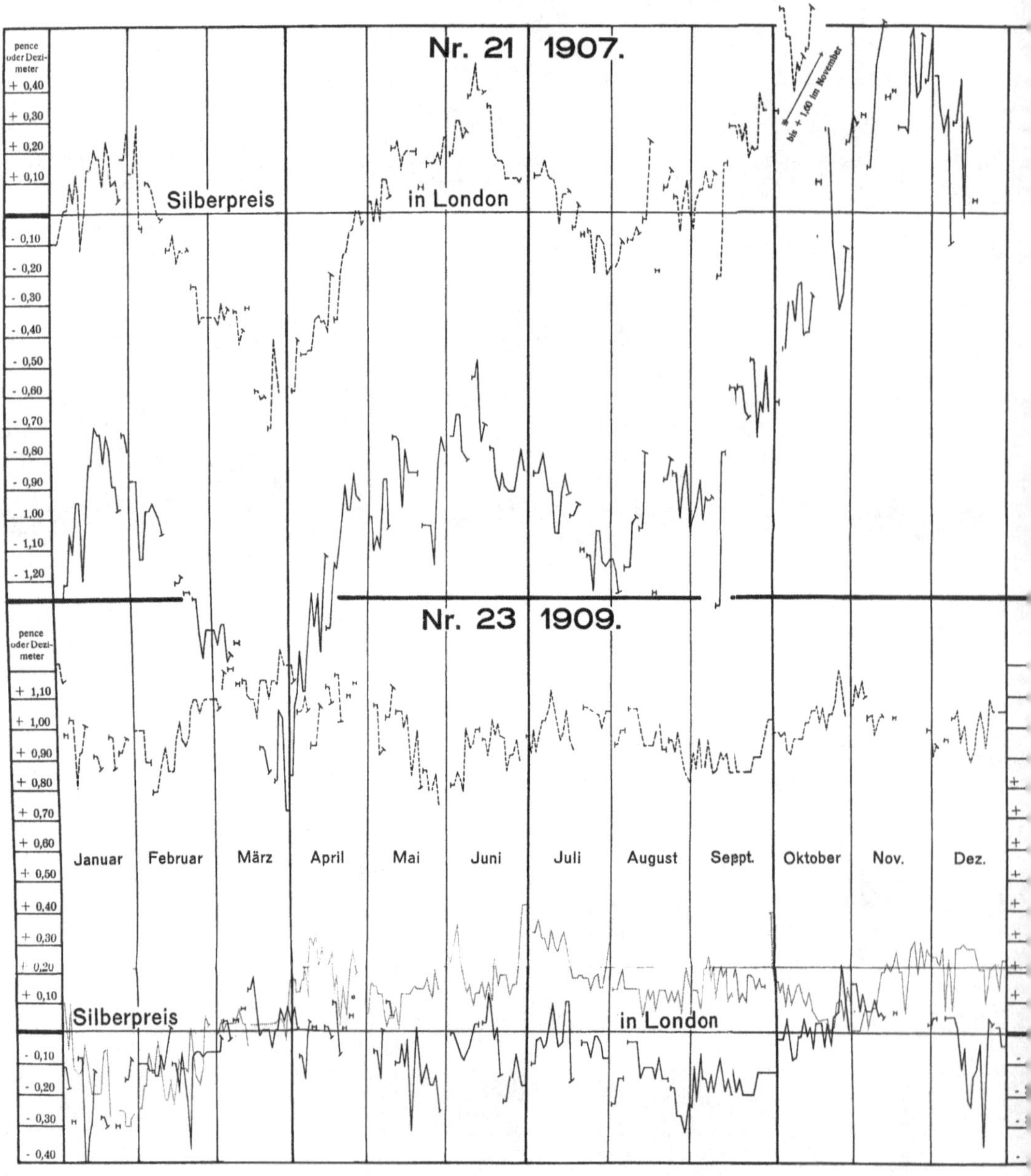

elkurse vom Londoner Silberpreis

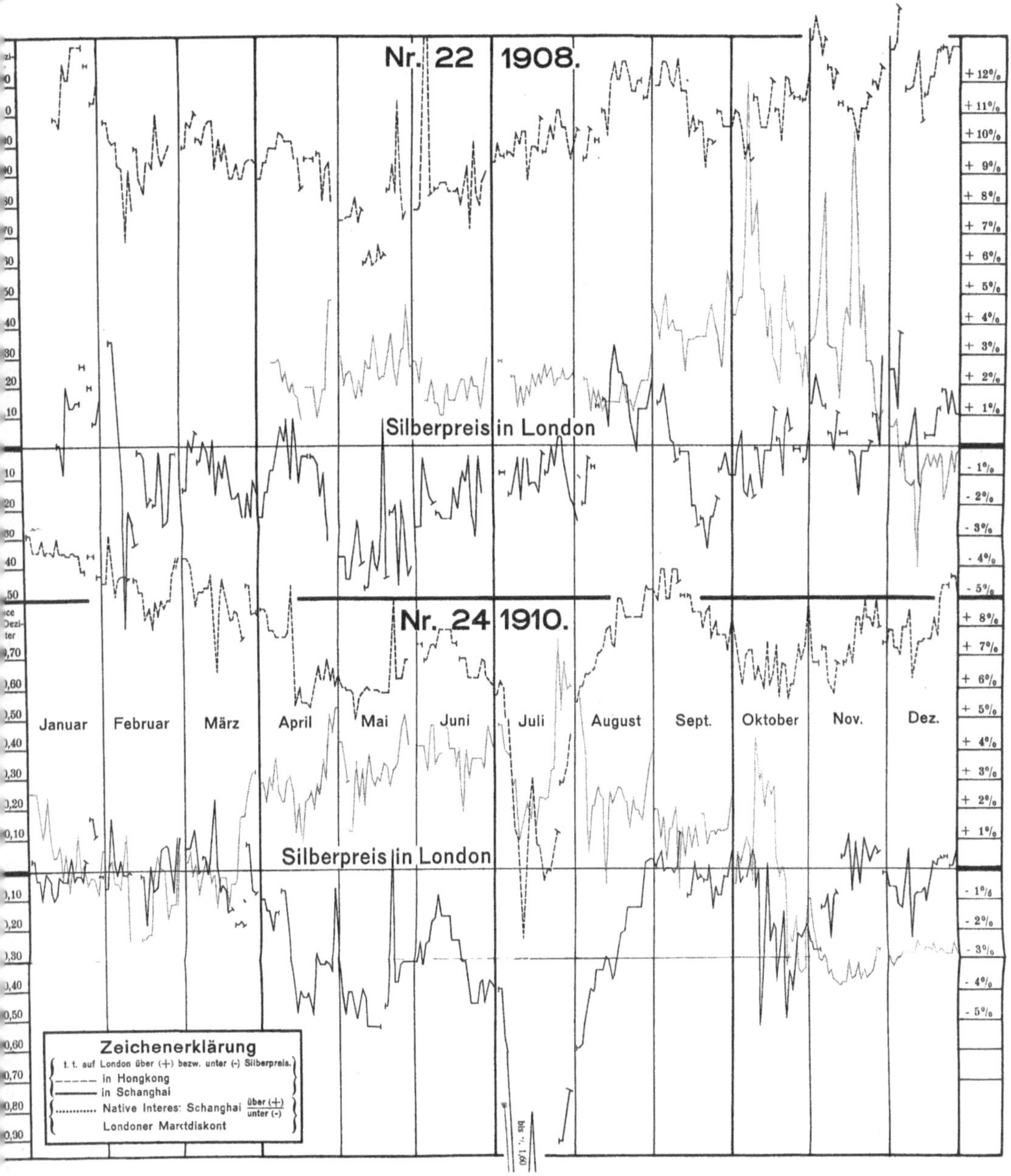

FSC
www.fsc.org
MIX
Papier | Fördert gute Waldnutzung
FSC® C083411

Kolibri 360 GmbH
Ferdinand-Jühlke-Straße 7
99095 Erfurt, Deutschland
produktsicherheit@kolibri360.de